A Revolutionary Way of
Reading English

英語の
あたらしい
読みかた

セレン|著

IBCパブリッシング

「TOEICなどで高得点を取りたい」

でも、
リーディングの問題が時間内に解き終わらない。
読んでも頭に英語が入ってこない。
リスニングの問題がうまく聞き取れない。
耳を英語が通り抜けていく。

そんな無力感を感じたことはありますか?

「英語の本をストレスなく読みたい」

でも、
いつになったら読めるようになるかわからない。
自分の読みかたは正しいのかわからない。
英語で本を読むことは楽しいはずなのに、
まったく楽しみながら読むことができない。

そんな無力感を感じたことはありますか？

「まとまった英語を理解したい」

でも、
長い英語になると途端に読めない。聞けない。
自分の何が悪くてできないのかわからない。
なんとなくでしか理解できない。

そんな無力感を感じたことはありますか？

もし当てはまるものが
ひとつでもあるあなたへ。

はじめにやってほしいこと。
はじめにやらないといけないこと。

それが
自分の歩幅で焦らず読むこと。

読むという経験を通して
英語は確実な体幹として
身についていくのです。

まえがき
〜一言も英語が言えなかったあの日〜

　4年前のとある冬の日、道端で外国人に話しかけられ、何も言えなかった情けなさに打ちのめされ、僕の英語人生はスタートしました。

　本当に大袈裟でもなく一言も口から英語が出てこなかったあの日から4年、英語の仕事をさせていただき、また英語「で」仕事もさせていただけるようになりました。
　留学も海外での経験も、ましてや外国人と話したことすらなかった僕は31歳で英語をやろうと決めました。

「日本国内のみで、かつ慌ただしい日々の中で、英語など身につくのだろうか？」
「お金も時間も最小限でできることは何だろうか？」

　そんな試行錯誤の日々の中で、僕が最も効果を感じた学習法（僕はあまり勉強だと思ってはいません）が、そして、多くの英語に伸び悩む人がなかなかやらないことが、<u>英語を「読む」</u>ということなのです。

　英語を話せない。英語が聞き取れない。まとまった英語が理解できない。試験での得点に英語力が直結しない。長年英

語をやっているけれど、なかなかブレイクスルーを感じられない、いつまでたってもなんとなくの英語。

　こういった思いに対して、すべての解決の土台になることが「読む」ことなのです。
　夢中になってストレスなく英語を読める、という力は限りない可能性を秘めています。

　わからない英語。聞けない英語。覚えられない英単語。日本人然としたカタカナ発音。日本語フィーリングの和文英訳。使い方のわからないイディオム。いつまでたってもつかめない英語のニュアンス。

「わからないから使えない。使えないからわからない」

　このサイクルを断ち切り、「わかるから使える」「使えるから楽しい」「楽しいから知りたい」「知りたいから学ぶ」「学ぶからわかる」という、無限の上昇サイクルに突入できた人はグンと伸びる人です。

　これまでの英語の悩みを飛び越えて、英語の肌触りを直に感じて「わかる」そして「使える」という英語を操る体幹を手に入れたくはありませんか？

英語ができるようになったらどんな景色が見えるんだろう。日本語しか知らなかった自分の世界はどう変わるんだろう。どんなことを体験でき、どんな自分になれるんだろう。

　4年前、英語をやろうと決意した自分はたくさんの不安とともに、同時にワクワクもしていました。

　英語をできるようになってみせる。
　英語ができた後の世界を見てやる。
　自分の世界を広げて、見たことのない場所に行ってやる。

　そんな希望と強い思いを持ってスタートした英語学習はすぐに壁にぶつかります。たくさんの「できない」に出会い、たくさんの「わからない」を知りました。
　できない悔しさやもどかしさ、情けなさ、強い気持ちをくじけさせる多くのことに出会い、諦めそうになることも何度もありました。

　そんな僕を救ってくれたものこそ、たまたま立ち寄った本屋さんで出会い、今も片身離さず持ち歩き、ボロボロになった一冊の本。それがラダーシリーズとの出会いでした。
　僕にとって必要なことが、その簡単な英語で書かれた一冊の本の中にはたくさん詰まっていました。そこで得た感覚と、そこで手に入れた英語の肌触りは、僕の中の「わかる」とい

う認識を大きく変えてくれました。英語を「読む」ということは何なのか、を僕に教えてくれたのです。

　本書では、その経験をきっかけに僕が4年間でしてきたことのすべて、をギュッと凝縮してお伝えいたします。そして、英語を「読む」ことの楽しさ、そして、その経験を通じて手に入る凄まじいまでのパワーを。

　今あなたが一言も英語を話せないとしても、何も恐れることはありません。わからないことやできないことばかりでくじけそうだとしても、諦めることなど決してありません。

　それはまさに4年前の僕と同じスタートラインです。

　すべての「できない」には「今は」という枕詞が隠れています。「できない」のは「今は」できないだけのこと。
　語学の力は正しい方向に、正しい力を、正しい期間与え続ければ確実に伸びていくものです。

　本書を通して、みなさんが新しい一歩を踏み出すお手伝いができれば、こんなに嬉しいことはありません。

　僕がこれまで過ごした4年間をこの本に捧げます。

もくじ
contents

まえがき
〜一言も英語が言えなかったあの日〜 8

Chapter 1 試行錯誤の末にわかった揺るぎないもの
After Trial and Error, Seeing the Light

1 お金も時間も経験もない31歳の僕に
英語学習スタートを決意させたもの 18

2 何から始めていいのかわからないままのスタート 20
試行錯誤をしてたどり着いたひとつの方法 20
英語を読むことのすさまじい力 22

3 英語キュレーターとしての活動から得たこと 24
自ら実践した情報を届けたい 24
英語はみんなの味方になる 26

4 英語学習スタートから4年の間に僕の身に起こったこと 28
一歩を踏み出す勇気 28
英語を通して見える景色とその先 29

5 英語を始めてよかったと心から伝えたい 32
英語は身につくもの、という確信 32
英語と歩むあたらしい人生 33

Chapter 2 たどり着いた殿堂入りの英語学習
Finally, a Prize-Winning Way to Learning English

1 「楽」な方法はないけれど「楽しめる」方法がある 38
楽して簡単にペラペラという神話 38
成長している自分に出会うこと 39

2 失敗者に学び、成功者に習う確かな方法 42
失敗する人の共通点 42
成功する人の共通点 44
成長を味わうチャンス 46

3 英語を始める上で通りたい道 ❶発音 50
ていねいに「読む」ことの意味 50
発音を無視して英語は始まらない 52
発音は誰でもよくなるか? 55
発音をよくするためのひとつの意識 56

4 英語を始める上で通りたい道 ❷基礎文法 58
文法に対する勘違い 58
4つの力を支える文法とのつきあいかた 60
目の前の言葉から何を受け取ったか? 64
アウトプットに直結させる方法 65
わからないのではなく知らないだけ 66
頭の中の交通整理 67
わかる基準は英語で言えるかどうか 68
インプットをアウトプットに直結させる3ステップ 69
着回しのいい服、そして幅広いワードローブを 73

Chapter 3 あたらしい英語の読みかたをはじめよう
Start Reading English in an Entirely New Way

1 まとまった英文をインプットすることのススメ 76
　学習し始めた頃のふたつの失敗 76
　英語が読めない、聞けないことに気づいた日 78
　まとまった英文を読むことにハマった本との出会い 81
　英語の世界をジョギングする 85

2 聞くより読む、そのわけは？ 88
　聞いてわからないものは読んでもわからない 88
　聞く力を構成するふたつの要素 89
　大切なのは聞く姿勢 92
　わからないことをつぶすために読む 93
　リスニング力は聞くだけの力ではない 94

3 英語が読める、とはどういうことか？ 98
　単に読むより一歩先へ 98
　読むために読む、という得るものの少ない作業 100

4 なぜ英語を読むことに挫折してしまうのか？ 104
　英文が読めないふたつの理由 104
　単語は英語の解像度 104
　不自由さが単語力をつけるモチベーション 106
　単語を覚えるよりも前にやってほしいこと 107
　まとまった英語が読めないふたつの理由 109
　背景知識は日本語でも学べる 109
　英語ならではの論旨の展開を経験してみる 110
　結局、何からやればいいのか？ 113

どんなものを読めばいいのか？ 114

5　体感と体幹を手に入れるアクティブリーディング 116
英語の体幹、コアを育てる感覚 116

6　精読？　多読？　答えはどちらか。 120
精読も多読もアクティブに 120
読むことは楽しいこと、という原点 121

Chapter 4　徹底解説 & 実践 アクティブリーディング
Active Reading through Commentary and Practice

1　読む体験を最大限に活かす アクティブリーディング3つのコア 124
英語力の伸びを体感させてくれた3つのアイデア 124
文字を立体化させるあたらしい読みかた 126
五感を使って言葉の向こう側へ 128
読むことをアウトプットの力に変える 129
読む前と後に必ずしたい問いかけ 132

2　アクティブリーディング実践編ロードマップ 136
🗒STEP1 英語を英語のまま読んでみよう 137
日本語にはない発想を、英語のまま取り入れる 139
声に出して英語を受け入れる 141
読んだことを口が記憶してくれる 144
英語は言葉でもあり音楽でもある 146
🗒STEP2 五感を使って英語を読んでみよう 148
無味乾燥な読みかたをやめる 148

五感を使ったアクティベートとは? 152
イキイキとした英語を感じるために 155

**STEP3 アウトプットを意識して
　　　　インプットをしてみよう** 157

読むことと話すことを別物と考えない 158
話す感覚をインストールする読みかた 158
読んだことをアウトプットできる楽しさ 159
書き手の心に寄り添う読みかた 161
使える表現を自分のものにする方法 168
自由に使えるフレーズに落とし込む方法 170

STEP4 スピードコントロールしながら読んでみよう 174

焦らずに読める速さを求める 174
速く読める感覚とは? 176
速く読む、を可能にするもの 178
意味の塊で左から右へと目を動かす読みかた 185
読むから見るに変える方法 186
自分の読む速度を数値化する 190
スピードコントロールで4回読み 191
アンチサブボーカライズで速くなる 192

STEP5　問い、求めながら能動的に読もう 195

能動的に読むための問いかけ 195
英語の文章を読む目的をはっきりとさせる 197
読んだ文章から得たものをはっきりとさせる 204
自分がワクワクするものを選ぶ姿勢 206

あとがき
〜英語は翼、まだ見ぬ世界へ、そして夢見た自分へ〜 209

Chapter 1

試行錯誤の末にわかった
揺るぎないもの

After Trial and Error,
Seeing the Light

1 Without Time, Money, or Experience, I Decided to Start English at 31
お金も時間も経験もない31歳の僕に英語学習スタートを決意させたもの

　まずは、僕自身が何をしてきたのか、そして僕が何者なのか、についてお伝えしたいと思います。

　僕が英語学習をスタートしたのは2011年のこと。2010年の末、寒い冬の夜に道端で外国人に話しかけられたものの、何も言えなかった経験から一念発起し、「よし英語をやるぞ」と思い立ちました。

　僕は昔から映画や音楽が大好きでした。たくさん見て、たくさん聞いてきました。特に映画は80年代後半からのイギリス、アメリカの映画、音楽は60年後期のアメリカのシンガーソングライターものの音楽が好きで中学生くらいから時間のほぼすべてを捧げてきたと言って過言ではありません。

　ただ、あの冬の日、僕が痛感したのは、これまで僕が愛してきたものすべては日本語を通して、誰かのフィルターを通して理解していた、という事実。

　これまで感動し涙し、心震わされてきたものすべて、元の言語、つまり英語ではなく日本語に置き換えられたものだったからです。

この事実に僕はかなりの衝撃を受けました。すべての愛しい体験が何かすべて遠く離れていくような寂しさを覚えたのを今も覚えています。そして同時に、英語のえの字もできない自分にも愕然としました。大げさでもなんでもなく一言も英語が口から出てこなかったのです。

「ああ、自分は英語がこんなにもできないのか……」

30年以上生きてきて、初めてそう気づかせてくれたのが、あの「外国人に話しかけられた体験」でした。そして、この衝撃と同時に、こんな感情が芽生えたのです。

「英語ができたら、いろいろ楽しくなるんだろうなあ」
「英語ができたら、自分も何か変われるんだろうなあ」

あの日、冬の路上で僕は「英語をやるぞ」と決めたのです。はっきりとありあり、とあの日あの瞬間から今の僕は始まったのです。しかし、始めるにあたり2つの壁が立ちはだかりました。

「何から始めればいいのかわからない」
「何を信用すればいいのかわからない」

2 Without a Clue How to Start, I Started Anyway

何から始めていいのか
わからないままのスタート

⦿試行錯誤をしてたどり着いたひとつの方法

31歳で英語を始めた僕が一番強く心に決めていたことは、この歳で英語を始める以上はお金も時間も絶対に無駄にしない、ということでした。同時に、費やすお金も時間も最少にしよう、とも決めていました。

必ず成果を出して自分の生きかたそのものに「英語ができる」という武器でもって変化を加える、それを強く心に誓ってスタートしました。

しかし、本屋に行ったら大量の書籍がある。ネットで探してみると大量の情報がある。どこから手をつけていいのか、何から始めればいいのか、果たして本当に自分は英語ができるようになるのか、調べれば調べるほど不安になっていった日々を覚えています。

そこで僕がしたことは、学習法の勉強、つまり勉強の勉強です。これにずいぶん労力と時間を要しています。数え切れない数の学習法、言語習得関連の本を読み、社会心理学や脳

科学など「学びにプラスになるものはないか」と英語の勉強の勉強ばかりだった時期もありました。

　この時期を通し、僕は多くの失敗例を調べ、探し出しました。と同時に、多くの成功例を見つけ、その人たちにある共通点を探し求めました。そして、本当に効果的なものを見出すべく、自ら体験することで模索しました。

　たくさんの学習法があり、「結局のところ何をすればいいのか」という問いへの答えは、体験を伴わないと何も実証できないと思ったからです。

　昔から言われている学習法もあれば、新しい学習法も今も生まれています。インターネットの発達やスマートフォンの成長、テクノロジーの進化は英語学習という分野に大きく影響し、その環境をガラッと変えました。

　もちろん、すべてにいい点も悪い点もあります。これだけやっていれば英語力は上がる、というものがないのが現実です。しかし、その中で殿堂入りとも言える学習法があることにも気づきました。

　<u>いくら時代が変わろうと、この本質は変わらない。ツールや手段が変わろうとも、やるべきことの根っこ、得るべき栄養素は変わらない。</u>

そのひとつこそが英語を「読む」ということなのです。

◉英語を読むことのすさまじい力

　本書では、単に「読む」だけで終わらずに、インプットした英語を限りなくアウトプットに直結させる〈アクティブリーディング〉という、僕の提案する読みかたをお伝えします。

　僕自身、この方法に行き着くまで時間はかかりました。読むことが大切だと言いますが、多くの英語を学ぶ人が避けていることのひとつだと感じています。

　皆、英語を読もうとしません。「英語が上達しない」「なかなか話せるようにならない」と嘆く方ほど読んでいません。それに加えて、読みかたの方向が少し違っています。

　読めることは聞けること。聞けることは言えること。言えることは書けること。

　読める力はすべての力につながり、英語の理解の根本を支えるとても大事な力。

「どうせ読めないから」「読んでも楽しくないから」「読むのがしんどいから」と口を揃えます。僕もずっとそういう状態だったので、気持ちはとってもわかります。

でも、それではブレイクスルーはやってこないことがわかりました。たくさんやった気がするからとリスニングばかりしていたり、問題ばかり解いたり、単語ばかり丸暗記したり、と実は本当につかむべきコアの部分に触れない学習を続けているケースが非常に多いんです。英語の力に直結することと、英語の「勉強」をすることは必ずしも一致しません。

　極端な話、分詞構文が「何かを知る」ことと、分詞構文が「使える」ことは違うことです。前者をやって英語をやった気になっては、頑張って勉強したのに何の力にもならない、ということが簡単に起こってしまうのです。

　本書では、アクティブリーディングの方法に加えて、読むことは本来楽しいということもお伝えしていきます。また、読むべき本の選びかた、そして楽しみかたも合わせて一緒にお伝えいたします。

　読み手のペースで、読み手の想像力を最後のピースとして完結する「読む」という世界観は唯一無二の体験です。苦行のように歯を食いしばって読まないといけないものではありません。好きなものを、正しい歩幅で然るべき方角に向かってストレスなく歩いていく。そんな読みかたができるようになれば、もうこっちのものです。そのためのお手伝いができたら嬉しいです。

3 What I Gained from My Experience as an English Curator

英語キュレーターとしての活動から得たこと

◉自ら実践した情報を届けたい

　この本を手にとっていただいたみなさんはやはり「英語ができるようになりたい」と思われていることでしょう。何からやればいいのか、どうすればいいのか、どのくらい時間がかかって、どういうプロセスで英語ができるようになっていくのか、もしかするとまったく想像もつかない状態かもしれません。

　僕も英語をゼロの状態から始めた2011年、同じことを思い、感じていました。不安でどうしようもなかったです。できるようになるイメージだけあって、具体的にどうすればいいのかはわかりませんでした。周りを見回すと英語ができる人というのは何十年も英語を学んでいる方や帰国子女のような方、また海外経験の豊富な方ばかりでした。

　僕の英語学習はそんな迷いの中でスタートし、模索しながら自ら実践する英語学習です。その中で僕に芽生えた感覚というのが「価値を共有したい」というものでした。

「これ面白いな」「これ楽しいな」「これ役に立つな」というものにたくさん出会いました。そしてそれらを必要としているはずの人がまだ知らない、という現実も知ることができました。知り得た情報や価値ある学びを一人でも多くの人と共有できないか、そう考えたのです。

　英語キュレーター。

　聞きなれない言葉だと思います。これは僕が自分自身にその経験から得たものと、今後の活動の目的と意図を明確に示すために命名した肩書きです。
　キュレーターとは、情報を自らの視点で精査し、然るべきところへ、必要とする人へ発信し届けていく人のこと。

「自分のフィルターを通し、価値あるものを共有したい」
「知られるべき情報を必要な人に届けたい」

　一人の「今を生きる英語を学ぶ者」としてそういう使命感を覚えたのです。
　英語学習を始めて1年を過ぎた頃から、僕は自らの学びの体験を通し、それらのすべてを共有し、英語を学ぶすべての人に価値のある情報を届けようと活動をしています。

イベントやセミナー、ワークショップ、番組、記事執筆、インタビュー(取材をするほうも受けるほうも)、サイト運営、ソーシャルメディア、多岐にわたる活動の中で多くの情報発信を行い、またその経験を通じて数多くの英語を学ぶ人に出会ってきました。

　これらの活動を通じて、またさらに多くの気づきや真理(心理)、共通点などをいただきました。英語を学ぶ人たちにシェアし効果的に、かつ効率的に英語を身につけていってほしい、という思いが今でも「英語キュレーター」としての活動の原点になっています。

⦿ 英語はみんなの味方になる

　今もなお多くの方が英語という大きな壁に悩み、もがいています。

「自分だけができないんだろうか」
「年齢的に遅いのだろうか」
「留学も海外経験もない自分には無理なのだろうか」
「日々、時間がない中では身につかないんだろうか」

　多くの方がそう感じ、孤独な無力感に苛まれていると思います。

僕の経験から言えることは、英語ができることというのは特殊能力でもなければ、特別な誰かにのみ許された技術でもないということです。

　根性も気合もいりません。必要なのは瞬間最大風速ではなく、自分を目標に向かって進ませるに足り得る風を吹かせ続ける力です。楽に努力をする力、と言ってもいいかもしれません。努力に必要なのは才能ではなく、工夫だけです。
　そうすると、努力はいつしか習慣へと名前を変え、あなたのそばにずっと寄り添う最強のパートナーとなってくれるのです。
　きっと「英語ができる」がゴールにはならない日がくると思います。英語ができたその先の景色、それこそがみなさんがたどり着くべき場所。そこからが英語ができる自分、の本領発揮の場所なのです。

　そこまでにたどり着くお手伝いがほんの少しでもできるなら、英語キュレーターとしてこんなに幸せなことはありません。

4 What Changed in Me in Four Year's Time

英語学習スタートから4年の間に
僕の身に起こったこと

◉一歩を踏み出す勇気

　英語学習を始めて4年経った今、英語で仕事をし、英語の仕事もするようになりました。ここまで来られたのは、慌ただしい毎日の中、日本にいながらでも何とか英語を学び、使える環境に近づけることができないか試行錯誤を繰り返した結果です。

　一人でも多くの人と話し、そして、つながるために多くの国際イベントに出ました。

　できなくて悔しくても、笑われて情けなくても、自らを高めたい一心で英語のプレゼン大会やスピーチコンテストにも多く出場してきました。

　レストランの店員やコールセンターの英語担当、通訳、国際イベントコーディネイトなど、英語を使って働く経験もしました。もちろんすべて日本で（一部通訳業務は海外で）、です。

「日本にいても、少し勇気を出して踏み出せば、こんなに知らない世界があるんだなあ」と実感しながら、「まだまだ知らない世界があるもんだ」といつもワクワクしていました。

⦿英語を通して見える景色とその先

知人や友人の関係はもはや国籍は関係なくなっています。英語という言語を通して、プライベートでも仕事でも「自分が面白い、すごい」と思う人とどんどんとつながれるようになりました。

「英語ができなかった4年前と今生きている景色はガラッと変わった」

こう言っても過言ではありません。

コミュニケーションができるようになることを意識して学習をしてきた自分でしたが、英語力のチェックとして英語の検定試験を受けるようにしています。

今や多くの方が受験しているTOEICを受けたのは英語学習を始めて10カ月後くらいでした。とにかくわからなかったのだけは憶えています……。リスニングはほぼ勘で、リーディングは多くの問題を残してタイムアップ。ああ、やっぱり自分に英語は向いていないのかな、そう思ったのを覚えています。

それから時を経て、2015年に受けたTOEIC（IP）テストでは975点（リスニングは満点）を取ることができました。TOEICである程度結果を出せたことは自信につながりました。やってきたことは力になるんだと実感した瞬間です。

　もちろん、英語の学びに終わりはありません。まだまだ英語での失敗も苦労もたくさんあります。「悔しい思いや情けない思いをしなくなった」なんて口が裂けても言えず、今もその真っ只中です。

The more I know, the more I know that I don't know.
（知れば知るほど、自分が知らないことを知る）

という言葉があります。この言葉を、今も毎日のように思い出します。
　それでも、できないことができるようになり、わからないことがわかるようになり、何がわからないのかがくっきりわかるようになり、僕の世界は少しずつ変わり始めました。

　まさに、英語ができるという恩恵を受けて視界が広く、クリアになっていく様子を日々現在進行形で感じています。

と同時に、4年前の自分の姿は今もありありと覚えています。

　一言も口から英語が出なかったあの日の悔しさ。
　さめざめとしたあの冬の空気の冷たさ。
「英語をやるぞ」と熱く決意をした胸の高鳴り。

　そのすべてが今も鮮度を落とすことなく、手を伸ばせば今にも触れられそうな距離で生き続けています。

　あの時の自分に今なら何が伝えられるだろうか、何を伝えるべきだろうか、今もよく考えます。そして、そのメッセージをみなさんにもお伝えしていきたいと思います。

5 Glad I Started English and Glad to Pass on the Good Word
英語を始めてよかったと心から伝えたい

◉英語は身につくもの、という確信

　今もよく僕の頭によぎる、たくさんの「もし」があります。

「もっと早く英語を始めていればよかった」
「もっと若い頃から英語に興味を持っていたら、何かが変わったかもしれない」
「留学もできたかもしれない」
「海外に行って英語を思う存分学べたかもしれない」
「学生時代の膨大な時間を英語の勉強に使えたかもしれない」

　そして、そんな僕が思うのは、「このような思いをする人が一人でも減ればいい」ということ。
　まずはここに、特別な才能も経験なく、時間もお金もなく、海外に行ったことも外国人と話したこともない、差し当たって緊急の英語を必要とする機会もなかった、そんな何もないところから31歳で英語を始めた人間がいる、ということを知っていただけたら嬉しいです。

年齢的に遅い、ということは決してありません。また特殊な才能が求められているわけでもありません。

もし「よし英語をやるぞ」と今思ったのなら、まさに今が人生最良のときです。

◉英語と歩むあたらしい人生

僕が英語学習をする上で大切にしているひとつのスタンスがあります。

「できない」を喜び、
「できるようになる」を楽しみ、
「できた」をしっかり褒めてあげる。

誰とも比べず、競わず、争わず。向き合うのはたった一人、昨日の自分のみ。

英語は正しい力で正しい方向に押せば動く物体のように、正しくやれば正しく伸びます。語学に偶然のサヨナラ満塁ホームランはないことを実感しています。

朝目覚めたらいきなり英語ができるようになっている、そんな奇跡は起こりません。

でも、じわじわと気づかない間に変わりゆく季節のように、しっかり、そして、確かに伸びていくことは語学学習の最大の面白さだとも思います。

　よく「どうして英語をやるの？」と問われることがあります。僕はいつも次のように答えます。

<u>「自由を手にするため」</u>

　英語ができることで損することなど何もありません。逆に、英語ができずに逸するチャンスは山ほどあります。英語ができることは選択肢を多く手にできるということ、それはすなわち、選べる自由を手にすることです。

　僕自身がその大きな恩恵を受けて驚いています。英語を始めて少ししてから、アメリカ人の友人ができました。ランゲージエクスチェンジといって、それぞれの得意な言語を相手に教えあう学びかたのひとつのスタイルなのですが、そのパートナーとしてアメリカ出身の女性と友達になったのです。
　毎週会ってお互い日本語と英語を教えあいながら、日々の出来事などもいろいろと話しました。僕らのコミュニケーションは基本的に英語で、僕が日本語を教えているとき以外はずっと英語です。
　英語を始めたばかりの僕にとって、生の英語は非常に新鮮

で、わからないことや知らないことばかりでした。

　そのときの僕は、会話を邪魔しないようにと聞き返すことも会話を止めることもせずに、なんとなく「わかったふり」をしていました。愛想笑いもたくさんしていました。知ったかぶりもたくさんしていました。しかし、実は、これらは相手に伝わっていたのです。

　現在もその彼女とは会って話す機会があるのですが、先日、こんな話をされました。

「あなたが英語を始めたばかりの頃、会って話したときのことを覚えてる？　内容はきっと覚えてないでしょう？　だって、あのときのあなたはわかったふりをして頷き、微笑んでいただけ。少しも理解できていないことは私もわかっていたけれど、私はきっといつかこうしてあなたが本当にわかって心から話し合える日が来ることを願って、いつも通り、普段通り話すことをずっと心がけてきたの」

　この言葉を聞いたとき、僕は涙しました。たくさんの感情が込みあげてきました。わかったふりをしていた自分に不愉快な思いをしながらも根気よく付き合ってくれた彼女への感謝。自分がしたことへの反省と腹立たしさ。そして何より、今それを伝えてくれた彼女の優しさと、その気持ちを理解できる自分がしてきたことへの労いの思い。

4年間、英語を学びそしてたくさんの経験が少し報われたようなそんな思いでいっぱいでした。

　まだまだ成長段階にある僕の英語力ですが、英語がまったくできなかったときから比べると、見えている世界が違います。日本語のチャンネルひとつしか映らないと信じていた自分というTVに、もうひとつ英語というチャンネルが放送を開始した衝撃は大きいものです。これまでの人生を改めて違う角度で眺めながら生きている、そんな感覚さえあります。

　英語を通じて人とのつながりが爆発的に増え、得られる情報も飛躍的に増えました。英語ができて当たり前という環境に身を置くことで、これまでにはなかったエキサイティングな経験やたくさんの感動をしてきました。

　また、英語学習を通して、改めて自らを振り返る機会を多く得ることで、多くの気づきや学びを得ることができました。

自分とは何者なのか。
自分に何ができるのか。
そして、自分は何をしたいのか。

　そういった自問のきっかけを英語は僕に与えてくれたのです。英語を学ぶという経験を通して僕自身が本当に成長させてもらった、そう強く確信しています。

Chapter 2

たどり着いた
殿堂入りの英語学習

Finally, a Prize-Winning Way
to Learning English

1 While There Is No Easy Way, There Is a Fun Way

「楽」な方法はないけれど「楽しめる」方法がある

◉楽して簡単にペラペラという神話

英語学習で僕が一番迷った最初のポイントは

<u>「英語は楽して身につくのか」</u>

というものでした。書店に行くと山のように「一カ月で楽して簡単にペラペラ」というような本が並び、威丈高にキャッチコピーが踊っています。

冷静に、客観的に、フラットに見つめて、そして自ら実践し経験をしてきた立場から言えることはいたってシンプルです。

<u>「楽して簡単にペラペラ」という神話に関しては言うまでもなく、不可能</u>です。薄っぺらいという意味のペラペラ、にならいつでもなれるかもしれません。

どう考えてもあり得ない、と思います。例えば、野球を始めたばかりの少年が、楽して大して何もせずに来月にはメジャーリーグデビューなどあり得るでしょうか。

　ここで大事なことは、そもそもメジャーリーグに行きたいという少年が「楽してメジャーリーグに行こうと思うだろうか？」という疑問です。そんな野球少年、僕は見たことも聞いたこともありません。

　なのに、なぜ英語では起こってしまうのでしょうか？　「楽して身につけたい」という願望が。

　英語を学ぼうとする方やすでに学んでいる方は、もしかするとマインドセットを大きく修正する必要があるのかもしれません。
　いかなることにおいても、「楽して身につくもの」はないはずです。「楽して身につくもの」があったとしてもそれは「楽しても身につく程度のもの」ではないでしょうか？
　僕の経験上、英語は「楽」して身につきはしないけれど、とことん「楽」しい道があると言い切ることができます。

◉成長している自分に出会うこと
　楽しい道とはいたって単純。英語が楽しくなる最大のコツは「できるようになる」ことです。

僕はよく「どうしていつもそんなに楽しそうなんですか？楽しく英語を学ぶ秘訣を教えてください」という質問を頂くのですが、その回答がまさにこれなんです。

　常に、今の自分ができないことを自分でしっかり見極めようとしているので、できるようになったことがとてもはっきりします。そのため、できるようになることが何よりの喜びなんです。それが一番のモチベーションの源です。

　逆を言うと、英語が楽しくない最大の理由は「よくわからない」からです。「よくわからない」ことがよくわかっていないというゾーンから一歩抜け出し、「あ、わかる」というゾーンに自分を連れていくこと、一番大事なのはここです。「わかる」ゾーンにたどり着けないまま英語を身につけた人はいないはずです。「できる」「わかる」と思えると楽しいですから。

　ベーシックな英語を身につけるのに特別な才能は必要ありません。日々使う英語を身につけることは、小回りの効く自家用車でスーパーに買い物に行くことに似ています。決して秘境を 4WD で探る旅でも、死と隣り合わせの F1 ドライバーになることでもありません。

ある程度行き着くべき英語の力は誰にでも手に入るもの、だということを覚えておいてください。つまり、「わかる」「できる」というゾーンには必ず誰にでも行けることでもあります。そして、それこそが楽しめる道に他ならないのです。

　近道はないけれど、遠回りをする必要はなく、最短で進める道があるのです。その道は決して短くはないけれど、一歩一歩進むその歩みが確かな足取りになり、成長している自分を感じられ、楽しめる道があるのです。

　自分にとって必要なものがわかって、何をすればいいのかわかれば、あとはもうやるだけ、です。迷いもためらいもありませんよね。

学んでいく過程を楽しみ、
伸びていく自分を思う存分楽しむ。

　このマインドセットを手にいれた人はしっかり語学の伸びる人だと断言できます。

> **まとめ**
> 英語は「楽」して身につきはしないけれど、とことん「楽」しい道はある。

2 How to Learn from Losers and Profit from the Successful
失敗者に学び、成功者に習う確かな方法

⊙失敗する人の共通点

多くの人が挫折し、途中で投げ出してしまうのが英語学習と言われています。僕と同じ時期に英語を始めたものの、すぐにやめてしまった方やいつの間にかやめていた方をたくさんこの目で見てきました。

もちろん、楽しみ方や行き着く先は人それぞれです。大事なことは、

「思った場所に行けたのか」
「思った場所がそもそもあったのか」

ということではないでしょうか。英語を諦めた方、一方で、英語を身につけた方に伺った話からはっきりしたことがあります。それは、失敗する人と成功する人の共通点です。

英語を学ぶにあたって、失敗した人たちの学び方を知ることは大事です。失敗する人や途中で諦めてしまう人に共通していることを乱暴なまでに一言に凝縮すると、

<u>「やっていない」</u>

これに尽きます。

文法が苦手だから「やらない」
単語が覚えられないから「やらない」
学習法の学習ばかりして
英語力アップに必要なことを「やらない」
日々忙しく時間がないので「やらない」
本はたくさん買うけれど
積ん読ばかりでいつになっても「やらない」
できない日が続き、やらなきゃという
強迫観念に疲れて「やらない」

　他にもたくさんの「やらない」があるのですが、共通していることは「やっていない」ということです。
　いろいろな言い訳をして、結局何もやっていないので何も身につかないんです。とてもシンプルなことですよね。<u>できるようになりたければ、やらないといけない。</u>

　でも、こんなことみんなわかってるんですよね。「言われなくてもわかってるよ」「わかっててもできないんじゃん」という声が聞こえてきます。では、どうすれば、やる自分になれるのでしょうか。

◉成功する人の共通点

　英語学習を成功させる上で最も大事なことは、この「やらない自分」という部分をクリアして突破することです。それができれば、後は雪だるま式に成長のブレイクスルーが始まりますが、多くの方がその一歩手前の部分で止まってしまいます。100回叩けば壊れる壁を99回叩いたところでやめてしまう方が多いのです。

　そこで、成長のブレイクスルーをむかえるために、僕から言えることはこれです。

「できない」を喜び、
「できるようになる」を楽しみ、
「できた」をしっかり褒めてあげる。

　よく「英語はとにかく楽しもう」という言われかたをします。もちろん大事な姿勢ですが、「できないのにそもそも楽しいわけない」ですよね。
　これは知っておいて損はありません。もし知らないままだと、特に、英語を始めたての頃は楽しいことばかりではないので、「あれ？」「できない」「楽しくない」となることに出会い、簡単にくじけてしまうことがありうるからです。

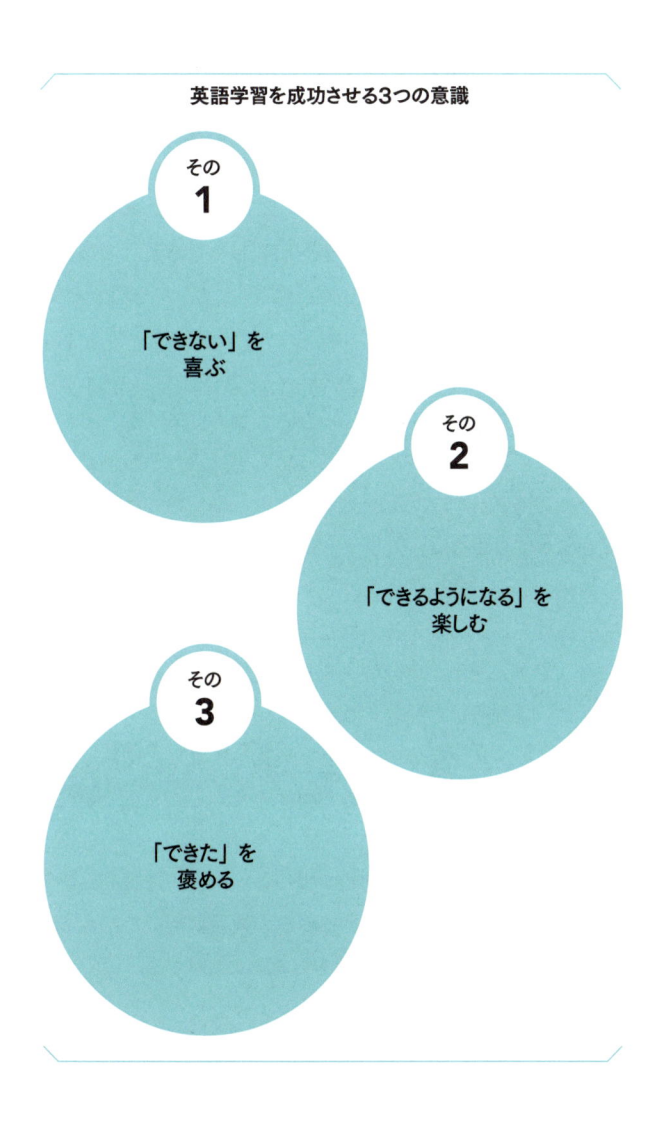

英語学習を成功させる3つの意識

その1 「できない」を喜ぶ

その2 「できるようになる」を楽しむ

その3 「できた」を褒める

そして、もうひとつの知っておいてほしいこととは、

<u>できるようになる、は最高に楽しい</u>

ということ。先にお話した、英語が楽しくなる最大のコツが「できるようになること」というところとつながる部分です。

◉成長を味わうチャンス
　皆さんはスノーボードをやったことがありますか？　やろうと思って初めてゲレンデに行っても当然滑れるわけはありません。怖いし、すぐ転ぶし、疲れるし。多くの人は嫌になってしまうでしょう。

　スノーボードで数百人をコーチングしてきた友人が言うには、道具をレンタルする人は初回だけでやめてしまう人が多いそうです。逆に、自分のコストで道具を揃えた人は比較的続くケースが多いと聞きました。

　どうしてか？　自分のコストで道具を揃えた人は買ったものを無駄にしないために、ある程度できるところまで続けるんですね。

　でも、レンタルの人は初回で嫌になったら、再びゲレンデに来ようとしないそうです。どちらの人も初回でたくさん転んで、疲れて、身体中痛い思いをしたのに、何が違うのでしょうか？

その違いは、二回目があるかどうか、だけなんです。

二回目には「成長」が必ずある。
「できた」と思える瞬間が必ず来る。

　そこから急激に楽しくなります。スノーボードのように、ここまで転ばずに滑れる、というような明確な成功体験が得難いのが英語なので、完全に比較するのは難しいですが、それでもやはり同じことは言えるでしょう。

　最初はわからないことだらけです。できないことだらけです。僕もそうですが、たくさん失敗して、たくさん間違えて、たくさん笑われてきました。今もしょっちゅう経験しています。
　やることなすことうまくいかず、わからないことだらけで、どうしていいかわからない。大人になってから、こんな経験ってなかなかしないですよね。

　でも、この苦しさは新しいことにチャレンジしてるからこその体験なんです。それをはじめに認識しましょう。そして、二回目の機会にはたくさんのごほうびが詰まっていると知っておくことで、チャレンジしやすくなるのではないでしょうか。
　だからこそ「できない」を喜ぶんです。挑戦している証拠ですから。

今できないのであれば、後々、できるようになることだと言いかえることもできます。ここには「できるようになる」ことを楽しむチャンスがたくさん詰まっています。

　最後に、英語学習を成功させるために意識しておいてほしいことは、「できた」をしっかり褒めてあげること。「できない」より「できた」に敏感な人でいてほしいです。そうすることで、自分の成長を実感できるのです。

　英語という新しい言葉に今まさにチャレンジしようとしているあなただからこそ、失敗して、間違えて、悔しい思いや情けない思いを今しているんです。その傷はいつかの勲章。その傷は癒えて必ず強くなる部分です。

英語は必ずやれば身につく。

この言葉に決して二言はありません。

　二度目のゲレンデと同じで、必ずできるようになった「喜び」が今いる先に待っています。これを知っているかどうかが英語を続けるための最大の鍵です。

これを知れば、楽しさのたくさんつまったゲレンデを滑り、まさに雪だるま式に成長を続ける人でいられるのです。そして、真っ白な雪のキャンバスにその軌跡がしっかりと残っていくのです。

> まとめ
> 「できない」を喜び、「できるようになる」を楽しみ、「できた」をしっかり褒めてあげる。

3 The Road to Success in Learning English: Pronunciation

英語を始める上で通りたい道
❶発音

⦿ていねいに「読む」ことの意味

僕も初めは「何からどうすればよいのか」ずいぶん迷いました。僕が「英語をやるぞ」と決めたときの英語力は以下のとおりです。

- 中学でやった単語ならなんとか覚えている
- 仮定法や現在完了という文法用語はなんとなく覚えている（どんな内容かは忘れている）
- 話せと言われたら何も口からは出てこない
- リスニングで何を言っているのか全然わからない

初めて外国人に聞かれた How was your day? は5回くらい言われてようやく聞き取れたほど。あの時のイラっとされた顔は今でも忘れられません……。

そんなレベルの31歳の僕は迷いながらもいろいろ試しました。参考書を熟読したり、問題集で穴埋め問題を解いたり、単語帳で日本語訳を覚えたり、「英語と言えば勉強」というイメージを強く持っていたので、昔ながらの受験勉強の仕方

を中心に始めてみました。

　ただ、すぐにおやっと思ったのが「はて、何のために英語やってるんだっけ？」ということ。黙々と問題集や参考書に取り組みながら、「あれ、英語話せるようになりたいんじゃなかったっけ？」というとても基本的な部分を思い出したのです。そのとき、このやり方では話せるようにはならないと早い段階で気づくことができました。

　そこから自分なりの軌道修正を加え、従来のやり方のいい部分は残し、なりたい自分になるために必要なことを満たす学習法に変えていき始めました。
　その経験から学んだことのひとつが「英語を読む」ことの大切さ、です。英語力をグンと伸ばすために必要なことを突き詰めると、文章のすべてを自分のペースで見て理解ができること、なのです。そして「まとまった量のインプット＝読む」がいかに大切か、にも気づくことができました。
　例えば、映画の中の英語や洋楽の歌詞、日常会話で聞き取れないものがあります。これらが聞き取れない理由は「知らないから」に他なりません。見たことも聞いたこともないものがわからないのは当然です。ましてや会話の中には僕たちが想像もしない単語や表現が使われます。そんな英語をいきなり理解するのは難しいですね。

では、どのようなプロセスを経て、わかるようになっていくのでしょうか。僕たちはどのように学んでいけばいいのでしょうか。

　そのプロセスは単純です。それは、言っていることをひとつずつ確認し、解明していくこと。「ああ、こう言っているのか」という理解がない限り、わからない英語を何度聞き続けても、わかるようには絶対になりません。

　では、どこで確認し、解明する機会を得るのでしょうか？それがズバリ「読む」ことです。なので、「読む」ことについて単刀直入にお伝えしていきたいのですが、今振り返って、「読む」と同時に、最初からやっておいてよかったと心から思う「発音」と「基礎文法」について詳しくお話させてください。これから英語を始める方や英語の理解度をしっかり上げたい方には、絶対に読んでいただきたい内容です。

◉ 発音を無視して英語は始まらない

　発音はとても大事です。英語を口に出す際に大切なことは独自の読みかたを繰り返すことではなく、伝わる英語の読みかたを繰り返すことです。本来あるべき音やイントネーション、リズムを目で見て、自分の口で再現できること。その音の再生産ができるかどうか、は今後の英語の伸びに多大な影響をもたらします。

良い発音とは「楽な発音」です。ホームラン性の当たりをとらえたバットが軽くしなやかに振れるように、正しい音をとらえた発音は、発していて楽になれるんです。また、それが正確に伝わり、それが相手にも快適さとなって英語でのやりとりをよりスムーズになものにしていきます。

　英語ができる自分を想像したときに、片言の不自然な発音で話している自分を描く方はあまりいないと思います。少なくともスムーズに、英語で言うところの comfortable（快適な）状態で話している自分の姿を描くはずです。

　僕自身はかなり初期の時点から、発音をある程度重視した独学を行っていました。自分でも「不自然だな」と思う言葉を発し続けたくないという思いが強かったからです。

　現在は発音矯正のレッスンを毎週受けていますが、まだまだ勘違いしていた音がいくつかあり、何度も何度も直されます。

Old habits die hard.
（染み付いた習慣はなかなか取れない）

　この言葉が胸に刺さります。英語の発音に関して言うと、特別に発音矯正などを受けた経験のない人はほとんど「勘違い」した状態です。日本の学校教育で英語の発音をしっかり習ったという人はほとんどいないのではないでしょうか。

と同時に、カタカナを通しての英語をたくさん知っているため、本来の英語とカタカナ英語の境目がもうわからない状態になっているのです。

　例えば、work と walk という単語があります。それぞれカタカナで「ワーク」と「ウォーク」と言われますが、音としては work が「ウォーク」、walk が「ワーク」に近いんです。他にも、again は「アゲイン」ではなく「アゲン」に、go は「ゴー」ではなく「ゴウ」に、talk は「トーク」でなく「ターク」に音としては近いです。カタカナで正確に表現できる英語の音には限界があるとはいえ、初歩の段階でこんなにも違っているんです。英語の発音をしっかり習ったことのない日本人にとって、本来の英語の音というのは遠い世界です。

　ですから、遠い世界にある英語の発音ができるようになることの恩恵は想像以上に偉大です。自分で正しい音を発音できれば、自分の耳に入る正しい英語の音が飛躍的に増えます。つまり、聞き取ることが格段に楽になります。また、脳内再生音という、声に出さずに英文を読み上げる音もよくなります。

　英語の発音は個々の子音や母音の発音だけにとどまりません。アクセントやイントネーション、ピッチ、リズム、イナンシエイション（クリアに発話すること）など、最終的には話し手の心情や感情、理解度、意思までも影響してくる、言葉にまつわるすべてが関係するもの、それが発音なのです。

とはいえ、英語がユニバーサルなものになった今、英語の発音に正解はありません。たったひとつの正解があるのではなく、これなら伝わるというラインがあるのです。少なくともそのラインを越えて伝わるもの、そして、自分に自信が持てるレベルの発音、ここがまず僕たちが目指すところなのだと思います。

⊙ 発音は誰でもよくなるか？

発音のことを考えると、発音のいい人と発音の悪い人、の二種類しかいないように思えます。しかし、実はそうではないことに気づきました。もうひとつのカテゴリー、発音がよくなっている途中の人がいます。伝わる英語を目指している方はほぼこのカテゴリーに属すると思います。

発音がよくなることで何が変わるかというと、自分が話していて楽になってきます。言語学者として有名なチョムスキーの提唱の中に「言語の経済性」という言葉があります。すごくざっくり言うと、どんな言語も言いやすく、話しやすいように単純な形になろうとする原理がある、というもの。

要するに、英語も同じなんです。ひっかかって、つっかえて言い難い、というのは、英語が悪いのではなく、自分が言えていないだけです。発音がよくなることは、その本来の音に近づくことであり、話しやすく、言いやすくなっていくことなのです。

◉発音をよくするためのひとつの意識

では、肝心の発音をよくする方法についてお伝えしましょう。学習初期から発音を重視してきた僕がみなさんに意識していただきたいのは、<u>自分の勘違いをアップデートし、可能な限り真似をする</u>、ということに尽きます。

発音は子音と母音の基礎を学んだら、あとは文章単位、パラグラフ単位と長くしていきましょう。そのときに、英語の音声を追いかけて読むシャドーイングや重ねて読むオーバーラッピングなどをしながら、真似することに専念しましょう。

自然な英語を話す人が発する英語は、僕たちにとってすべてがお手本です。抑揚に、リズムに、そして息遣いに耳をしっかり傾け、忠実に真似をすること。できるだけ勝手な解釈をしないこと。その作業が自然な英語へ少しずつ近づける役目を果たしてくれます。

発音はファッション感覚ととても似ています。ファッション感覚という言葉の意味は、決して生まれもっての先天的な能力を指してはいないはずです。

むしろ、生まれながらではなく、いろんな人を参考にして「ああ、この人ステキだな、カッコイイな」という人から学び、盗んできたものなのだろうと思います。つまり、<u>他人から学び盗むという意識がなければ伸びようがないセンス</u>です。ゼロから自分で独創するセンスのことではないんです。

英語の発音も同じで、自然だと感じる発音から盗み真似をする、という感覚のみが自分の発音をよくしてくれます。今まで、英語の発音の美しい多くの日本人に会ってきましたが、たったひとつの共通点が「とことん真似をしようとする」意識なんです。大人になって英語を始めた人で、この意識がなく発音をよくした人に僕は出会ったことがありません。

　発音の基礎やリズム、音の仕組みや上がり下がり、これらをしっかり練習できる場として、英語を読む機会を活用することができます。音声付きの読み物は最強の味方と言って過言ではありません。具体的な使い方は、この後のチャプターでお話するので、ぜひ参考にしてみてください。

　発音の理解は、英語を学ぶ上での土台にあたる部分です。きっちりと意識を向けて英語に取り組みましょう。

　そして、自分の発音はこういうものと決めてしまわずに、徐々によくなっていく発音を楽しみながら、常に伸びしろを感じながら、発音という土台を固めていきましょう。

　発音は手書きの文字と同じです。まずは綺麗に書こうという意識、そしていつも気をつける姿勢から。それだけでも格段に変わるものなのです。

> まとめ
> 発音は常に伸びしろを意識して、とことん真似をする意識を。

4 The Road to Success in Learning English: Basic Grammar

英語を始める上で通りたい道 ❷基礎文法

◉文法に対する勘違い

　英語が読めるようになるための土台を作る要素のふたつめは基礎文法です。具体的には中学生で習う文法の範疇ととらえてください。

　文法は「話す」「聞く」際には直結しないと勘違いをされている方が多いようです。文法は文法の勉強、話したり聞いたり読んだり、といったことはまた別でやるものと思っている方が非常に多い印象です。

　でも、違います。

　例えば、現在完了形という文法項目がありますよね。このルールを学び、知る目的は何でしょうか。

　日本語での文法用語を覚えることでも、穴埋めテストに正解することでもありませんよね。

　現在完了形が使われた英文のニュアンスを理解することができ、自分もその感覚を元に話せることなのではないでしょうか？

現在完了形は have ＋過去分詞形 と覚えて終わり、では試験の問題を解くなど特殊な場面でのみ役立つ勉強で終わってしまいます。自分で言えるか、聞いてわかるか、ニュアンスは取れるか、など、少し踏み込んでみて初めて、文法の知識は自由に操れる自分のツールとして役に立つものになります。

　事実、文法事項だけを必死で覚えようとしていた学習初期の頃はまったく自分が英語を話せるようになる、というイメージが持てずにいました。

　しかし、文法がすべてにつながる水源の役目をしているのか、と気づけて感じられたのは学びかた、インプットの仕方を変えてからです。

　英語には４つの技能（リスニング=聞く、スピーキング=話す、リーディング=読む、ライティング=書く）があります。それぞれの力はそれぞれの勉強で伸ばすイメージをお持ちの方が多いですが、<u>文法の勉強は４つの技能すべてを同時に学んでいるイメージ</u>で進めるのがベストです。すべてがつながり、すべてが同時進行的に伸びていく感覚です。

⦿4つの力を支える文法とのつきあいかた

　基礎文法の理解は英語を読むときにとても効果を発揮します。ですので、本書でご提案するアクティブリーディングに入る前にはある程度は固めていただきたいです。

　アクティブリーディングよりも前の、まずは読むという段階で文法的にわからず理解ができないという状態になってしまうのは、自転車で言うと、どこを漕げば自転車が進むのか、どこを動かせば曲がり、どうやって止まるのか、を知らずに自転車に乗ろうとしている状態と同じです。

　文法を学ぶことは、決して文法という何か独立したものを個別にやっているのではありません。英語という言葉のルールを学びますから、その知ったルールはすべての言葉、文章につながってくるわけです。

　そして、さらに文法を学び知ることは、読むことだけでなく、話し、聞き、書くことすべてに直結しています。学びかたやとらえかたを少し変えてあげるだけで文法の勉強は実はとても有意義なものになるのです。

　例えば、次の文章があります。

This is a pen.

これはbe動詞の例文として、中学生の最初の頃に出てきます。でもってよく笑い話のネタにされる少し可哀想な文章です。「日本人ってこんなこといまだにやってるんだよ」と自分たちを冷笑する文脈で使われることが多いんです。「こんなの日常で使わないよ」という揶揄を暗に意味しています。

　果たしてそうでしょうか？　僕は日常の中で使ったことがあります。海外で人気のガジェットツールを英語学習にも応用できるかもしれないということで、一度知り合いのオフィスに遊びに行ったことがあります。そのツールとは、メモをしながら録音ができ、クラウドとの連携で音声データが録音された時間をデータとともに記録できるペンでした。

　その販売経路やマーケティングなどを打ち合わせしているオフィスで、通りかかった外国人と目が合い、次のように尋ねられたのです。

What's that?

　僕は、持っていたペンを掲げ、こう言いました。

This is a pen.

　今でもよく覚えています。This is a pen. を「こんな簡単な文章を知って意味あるの？」「そんな簡単なことはわかってるよ」というニュアンスでこの例文をバカにします。

ところが、実際に使うんです。とても大事な文章なんです。基礎文法の大事さをお伝えするために、いくつか質問をさせてください。次の日本語の文章、英語で言えますか？

「ネズミが好きです」

「これはペンです」並みに簡単な日本語ですよね。スッと、考えずに英語で言えるでしょうか。正解は

I like mice.

です。好きなものを一般名詞で表すときには基本的に複数形で言うので、mouse が複数形になって mice になります。
　英語を母語とする人なら、おそらく話し始めたばかりレベルの子どもでも言うレベルの文だと思います。では、次の日本語はどうでしょう。

「みんなやってますよ、そうですよね？」

　じっくりと考えることなく、さらっと言えたでしょうか？正解はこちらです。

Everybody does, don't they?

とりたてて難しい文ではありませんが、即座には意外と言えないなんてことがあるわけです。

　ここで僕が強くお伝えしたいことは、

英語を使えるようになりたい人は
それが簡単かどうかを判断することなく、
目の前の文章を公平に見てほしい。

それを言えるか？
聞けるか？
書けるか？
正しい発音で読めるか？
という意識で触れてほしい。

ということなんです。文法を学ぶ上では特に心に留めておいてほしいと思います。知っている言葉が使える言葉に昇華されるために大切なこと、それが文法を能動的にとらえることです。
　自分の力として、自分のツールとして、そして味方（ミカタ）として文法を眺めれば、少し文法の見方（ミカタ）が変わるはずです。文法は誰よりもあなたを助けてくれるものなのです。

⊙目の前の言葉から何を受け取ったか？

　先に述べた、能動的なとらえかたはアクティブリーディングの根本となった考えかたです。英語を読む上で、文字を文字として理解するだけでは足りません。

　その文字からどんなことを得て、どんなことを感じられるか、そして自分から発せられる言葉としていかにインストールするか、というところまで追いかけてほしいんです。

This is a flower.

という文章を読んで「これは花です」と日本語にできたからその文章を読めたと言えるのでしょうか。

何色かな？
何の花なんだろう？
どうして一本しかないんだろう？
どんな風に咲いてるんだろう？
周りはどんな景色なんだろう？

　こんな風に好奇心や自分から何か「迎えに行く」気持ちが発動して初めて「僕は読めた」と言えるのではないかと思っています。

冠詞の a をひとつとっても、さまざまな背景が感じられるはずです。たったひとつの、一輪の花。それを表す a というひとつの文字の向こうに果てしない景色が広がっています。文法はその景色をクリアにしてくれる明確なルールです。「知ってるから簡単」「知ってるからもういい」という考えは本当にもったいないです。栄養素はもっとずっと、その奥に詰まっています。知っていることとわかっていることは違います。そして、わかっていることと使えることはさらに違います。使えることと使いこなせることもまたさらに違うのです。

　基礎文法は、英語の４技能（リスニング、スピーキング、リーディング、ライティング）のすべての土台となります。この土台に種が落ち、芽が出て花が咲くんです。しなやかで力強い花が。

⦿ アウトプットに直結させる方法

　では、ここからは基礎文法の効果的なインプット方法について具体的に話していきます。ポイントは次のふたつです。

「わかる、わからないで文法をとらえない」
「言えれば勝ち」

　文法を勉強していて一番立ち止まりやすいのが前者で、文法の学びかたで一番勘違いしやすいポイントが後者です。

前者の「わかる、わからないで文法をとらえない」ことは、別の言いかたをすると、「どうしてそうなるのか？にフォーカスすることで、余計な労力を使わない」ということです。

　文法はルールです。しかし、ルールの中にも時に腑に落ちない「みんながそう言うから」ということが出てくる場合があります。特に、英語という言語はそういうフレキシブルな要素が多い言語なので、「なんでこうなるの？」で立ち止まってしまう方は、頭が混乱して文法が嫌になりがちです。

◉わからないのではなく知らないだけ

　英語を使い、成長していく過程は間違える過程でもあります。語学を学び、身につけてきた世界中の語学学習者たちに聞くと、真っ先に出る言葉がこれです。

間違いを恐れずに話すこと。
そこから学んでいくこと。

　間違わずに話そうとすること自体に意味はありません。転んだらかっこ悪いからと言って、転ばずにスノーボードの練習する人はいるでしょうか？　転ぶのも練習の一部です。

　文法は基本的にはわかりやすいものです。一部の間違いやすい部分があるだけで、何もその一部に気を取られなくていいんです。

もちろん、ルールは数限りなくあります。知らないルールはこれからも嫌というほど出てくることでしょう。しかし、そのときに、「わからない」と思うのではなく「おっ、知らないルールが出てきたな。これは知れてラッキー」くらいに思えるのがちょうどいいと思います。

　そして、素直に驚きましょう。「へー、そうなんだ。この動詞には to じゃなくて、いつも ing が続くんだな。わがままなやつだ、しょうがない、じゃあそうしてやるか」くらいでいいんだと思います。

　あとは、それを見たり聞いたり、出会う中でモノにしていくことです。間違えないことは大事ですが、それと同じくらい間違えることも大事だと考えています。

⊙頭の中の交通整理

　基礎文法をしっかりやってよかったと思う理由は、頭の中の交通整理ができたということに尽きます。英語と日本語は語順が違うため、英語を理解し、英語を発することができるようになるためには、言葉が出てくる順番を身につける必要があります。

　文法のルールは「覚える」のではなく、語順やフィーリングを「インストール」するイメージです。丸暗記ではなく、インストールするんです。暗記というか頭に残ってしまうんです。頭の中の OS を日本語 OS から英語 OS に切り替える

んですから、もちろん大変なことです。

　そこで、注意すべきは何をもって「文法がわかった」とするかです。「知ってるからわかった」とすると、いつまでもアウトプットにつながらない英語になってしまいます。

⊙ わかる基準は言えるかどうか

　僕が基礎文法をわかったとする前提は「言えるかどうか」だと考えています。

　言語の自然さは結局のところアベレージです。僕たちが日本語で「普通はこう言う」とわかる感覚は膨大な量の日本語をインプットした自分の中の体験、個人の中に蓄積されたビッグデータをベースに判断しているわけです。

　まだまだ学び始めた英語にそんなデータは存在しないわけですから、いろんなデータをインストールし、基本的なルールと「普通はこう言う」というところを体系的に学んでいく方法が効率的ではないでしょうか。基礎文法の根幹は「普通はこう言う」を手助けしてくれるもの、だということです。

　先ほどの I like 〜、を例に取ってみましょう。「りんごが好き」なら I like apples. になります。りんごが好きでよく食べるんだよね、という文脈では決して I like an apple. や I like the apple. にはなりません。たったひとつのりんごが好きなわけでも、特定の「その」りんごが好きなわけでもないから、複数形のりんごが好き、これで一般的なりんごが自分は好きなんです、というニュアンスが表現できます。

ここで「へー」とわかった気になって終わってはもったいないわけです。ここはまだ「知ってる」だけの段階ですから。もう一歩踏み込んで初めて「使える」ようになるんです。

　逆に言うと、これまでそれをしてこなかったら、話せないのは当然です。

⊙ インプットをアウトプットに直結させる3ステップ

　ここからは I like apples. を例に、「知らなかったなあ、言えないなあ」という文章をインストールする具体的な3つのステップをお伝えします。基礎文法を学ぶことが確実にアウトプットに直結していることを実感できるはずです。

Step 1：口に出して言ってみよう

　I like apples. と何度か口にしてみて、「これまでこんなこと言ったことあったっけ？」と想像してみてください。ほとんどの方は実際にこの英文を口にした経験がないのではないでしょうか？

　言ったことがなかったらスッと言えないのは普通です。日本語で「噛む」って言いますよね。僕がアウトプットの練習をするときに大事にしているのが「噛まない」ように言えるかどうか、なんです。「噛む」ってなんだか軽く聞こえるかもしれませんが、これは脳が処理を仕切れていない証拠、そして何より言い慣れていない証拠です。

　まずは噛まずに言えるか、口に出して言ってみましょう。

Step 2：しっかり気持ちを込めてみよう

　I like apples. を何も考えずに口にしても、ただ言っただけのものとして何も引っかからずに消えていきます。噛まずに言えても、意味はわからずに口が回っているだけ、です。

　また、英文を覚えようとしていませんか？　何の意味も感じずに、何の思いも込めずに単純に例文として覚えようとしている方々をよく見かけます。

　でも、覚えようという意識で入れた英文はきっと近いうちに忘れてしまいます。なぜだと思いますか？

<u>気持ちとつながっていないからです。</u>
<u>情動が足りないからです。</u>

　何の思い入れもない思い出が消えていくように、何の関連もない人の名前から忘れていくように、人は必要のないものをどんどん忘却していく機能があります。

　逆にこの機能に救われている部分も多いわけですが、こと語学に関して言うとこの機能はできれば発動してほしくないわけです。

　ではどうするか？

英文を口にするときは気持ちとしっかり結びつけることです。「りんごが好き」という感情と英文をしっかり結んだ状態で口に出して言ってみましょう。どんなりんごかも描けるとさらにいいですね。こうすることによって、脳が「ああ、この人はこれを伝えようとしている、これは必要なことなんだな」と認識してくれるのです。

　気持ちと結びつけた読みかたをすれば、I like apples. がイキイキとした言葉として頭の中に刻まれ、心の中に沈殿していきます。英語の語順で、正しい英語のルールのまましっかり根づいていくのです。これがまさに基礎文法のインストールです。

Step 3：言い換えてみよう

　今は I like apples. を使ってインストールをしてもらいましたが、本当に好きなものがみなさんにあると思います。ご自身に関連しているものであれば、さらに感情を込めやすく、情景もありありと描けるのではないでしょうか。

　例えば、猫が好きなら I like cats. ですね。頭の中にいる猫はどんな種類ですか？　どんな色の、何歳くらいの猫たちが頭の中を駆け回っていますか？

　情景や感情が言葉とつながり、言いたいこととして口から英語が出る。その経験があなたを「英語を話せる人」にしてくれます。

以上、3つのステップはいかがだったでしょうか？　口にしてみる。そこに気持ちを結びつけていく。自分の偽りのない思いと最後は結びつけてみる。これらのステップを通して、

<u>自分の中から出てくるものを英語にして声にする</u>

ことができたはずです。このプロセスなくして文法のインストールを自身のアウトプットにつなげることはできません。

　子どもは「あれ取って」「これ買って」「あれ嫌い」「これ好き」など、嘘偽りのない自分の正直な気持ちと言葉をこれ以上ないほどに直結させています。

　英語を自分の言葉として使いこなすために、この3ステップで基礎文法をインストールしてみてください。文法の勉強が無味乾燥な机での「勉強」では決して終わりません。

　馴染みのなかった言葉たちが、自分の思いや気持ちと結びつき、イキイキと動き始める瞬間が訪れます。英語を操る、という感覚が徐々に理解できることでしょう。

　楽しみながら文法も学べます。僕はそうやってやってきました。知れば知るほど自分の武器が増えるんですから、楽しくないはずがありません。

◉着回しのいい服、そして幅広いワードローブを

　最後に、基礎文法ともっと気軽に接するためのとらえかたをお伝えしておきます。英語を使っていくためにはまずはシンプルで応用の効く根幹となるものをおさえましょう。文法で言えば、基礎文法です。

　これはワードローブの中の着回しのいい服、と同じ発想です。いきなり特定のパンツにしか合わないシャツを買ってしまったら、合わせられる服がどんどん少なくなっていきますね。これにはこれしか合わせられない、という服ばかり買っていては、買わなきゃいけない服が増える一方で、全然着回しのバリエーションは増えない、ということになってしまいます。それよりは、どのパンツにも合うシャツ、どのシャツにも合うパンツをまずは手に入れよう、という考えかたが大事です。

　よく「中学校の英文法がわかれば会話は問題ない」と言われますが、この着回しの良い服、の話はまさにそこに当たる部分です。
　<u>中学校で習う英文法には着回しの良い服が揃っています。</u>高校などで習う英語はかなり合わせにくい服、またはアクセサリーの部類に属するものが多いと思ってください。もちろん、必要な場合はありますが、順を追って、自分のワードローブを充実させていくことがまずもって大事です。

いきなり高価なアクセサリーをひとつ時間をかけて手に入れるのではなく、まずは気楽に歩けるスニーカー、どんな機会にも着ていける白いシャツ、合わせやすいジーンズ、そういう使い勝手のよいものにフォーカスしてみましょう。

> まとめ
> 基礎文法の習得は知らないものを自分にインストールしていくプロセス。
> 使いたいもの、そして使いやすいものから手に入れよう。

Chapter 3

あたらしい英語の読みかたを
はじめよう

Start Reading English in
an Entirely New Way

1 The Merit of Inputting English in Word Groups

まとまった英文を インプットすることのススメ

◉学習し始めた頃のふたつの失敗

　ここから本書のコアの部分に入ります。僕がもっと早いうちにしっかりやっておきたかったことです。その気づきをヒントに皆さんは最短の道を通っていってほしいと思います。

　そのやっておきたかったこととは、<u>まとまった量のインプット</u>です。もっと具体的に言うと、英語を「読む」ということです。

　というのも、僕自身が読むことをしていれば、「早く英語力がしっかりしたものになっていただろう」「もっと強固な土台が作れただろう」と強く強く思うからです。

　インプットには大きく、リスニングとリーディングが挙げられます。どちらももちろん大切です。でも、<u>英語を学び始めた段階では、リーディング、つまり「読む」こと、のほうが大事</u>だと感じます。

　改めて言わせていただきますが、どちらも大事です。ただ、比重のかけかたとして読むほうに少し意識を向けてみてほしいんです。

このことに気づかされたのは英語を始めたばかりの頃です。当時、僕は文法の総復習とフレーズの暗記に取り組んでいました。勉強の仕方として間違っているようには聞こえないかもしれませんが、後々、とある出来事に直面して、このやりかたではまずいことに気づかされるわけです。

　ひとつめの僕の失敗は、文章の暗記に多くの時間を費やしてしまったこと、です。それも短いものばかりでした。
　基礎文法のところでお話した、文法をインストールするという観点がすっぽり抜け落ちていたのです。文法を理解して、自分の感情と結びつけて口にする、ということには行き着いていませんでした。ただひたすら短い文章を暗記していたのです。

　次に、フレーズ集にもよく手を出していました。なかなか言えない日常会話フレーズ集のような本はたくさんありますよね。その本がダメなのではなく、その使い方を間違っていたんです。

　要するに、「ただフレーズを暗記さえすれば英語が上達する」と信じていたのです。言いたいことが言えるようになればいいんだろう、と短いフレーズを覚えて会話をつなげて上達した気になっていた、のだと思います。

<u>短文、かつ前後のない独立した文章ばかりを覚えていたこ</u>とが大きな時間の損失につながりました。どういうことかと言うと、このままの学習を続けたとしても、まとまった量の英語が聞けない、読めない、という状態が続くだろうとあるときに感じたのです。そして簡単な会話だけをしている間は、このことにはなかなか気づくことができませんでした。

⦿ 英語が読めない、聞けないことに気づいた日

初めて「まとまった量に対応できない」ことを痛感したのが、メールのやりとりでした。長い英語の文章を一気にもらったときに、いざ読もうとすると、意味が取れないわ、時間がかかるわで、もう大変だった記憶があります。

> そのときに気づいたのが「<u>ああ、そういえば、英語をまともに読んでないなあ</u>」ということです。

> 次にした衝撃的な体験はスピーチやプレゼンテーションを聞いたときです。短い文単位なら聞き取れるのに、いざまとまった文章になると途端に理解できなくなる、という現象にぶつかりました。

例えば、Oh, that's what I wanted! や Well, is that your point? のようなフレーズ単位のものは聞き取れるのに、まとまって話されると途端に意味がわからなくなりました。

中途半端に積み重なっていた自信が音を立てて崩れていきました。

「なぜこんなことが起こるんだろう」
「やっぱり僕には英語の才能がないのかな」

と何度も何度も悩みました。悩んだ末にいたったひとつの答え。
　それが、会議や打ち合わせなど、英語を当たり前に使う現場で最も必要なスキルは、好きなことをベラベラ話す力でもなく、知っているしゃれた言い回しの数でもなく、

<u>まとまった英語を聞き取る力</u>

なんです。これができないと意見も何もない、というか何も始まらないわけです。
　僕は現場に行って初めて痛感しました。でも、それでは遅かったんです。会議中、意味の取れない英語が僕の耳をただ通り過ぎていきました。みんなが反対したり意見を言ったり、喧々諤々、丁々発止の議論をしていたりする中、僕はただそこに黙っていることしかできなかったんです。
　しかも、わかっていないことを悟られないように、とさえしていたのです。あの無力感と絶望感は今も思い出すたびに冷や汗が出るほどです。

「まとまった英語が理解できないと話にならない」

　もしこのことを先に知っていれば、こんなことは起こらなかったのに、と今は思います。
　だからこそ、みなさんには全力で伝えたいんです。まとまった英語を聞き取る力が大事だということを。

　ぼくが何度か受験した TOEIC でも同じことを感じました。例えば、Part 2（一文単位のやりとり）ならなんとかわかるものの、Part 3, 4 になると途端にわからなくなる、と思ったことはありませんか？
　まとまった英語をインプットした経験がないのであれば、このように感じるのは当然のことなんです。
　いざ試験が始まって「よし真剣に聞き取るぞ」と思っても、なかなか理解が追いつかず、なんだかよくわからないまま終わってしまうという感覚を味わったことはありませんか？
　残念ながら、英語はそのときだけ本気を出せば急に理解度が高まるというものではないんです。集中度は高まるけれど理解度が上がらない。これが現実なんです。

　では、まとまった英語を聞き取る力を育てるためには、具体的に何をしたらいいのでしょうか？　ぼくが最も必要だと感じたこと、そして実践したことがまとまった量の英文を読むことです。

「聞く力を育てるのに読む?」と思われた方がいらっしゃるでしょう。もちろん理由があります。

それは「わからない部分がわからない」「聞き取れない部分が流れていってしまい、苦手な部分がわからない」ままのリスニングでは解決できないことが、読むことにはたくさん詰まっているからです。

◉まとまった英文を読むことにハマった本との出会い

まとまった英文の理解度をグンと上げてくれるもの、そして多くの方が軽視してしまうこと、それが「読む」ことです。

長い英語になった途端に意味が取れなくなってしまい、置いてけぼりになってしまう感覚を味わったことはありませんか?

まとまった英語を理解する力がないと気づいたと同時に、僕はまとまった量の英文を読む経験が足りなかったことにも気づきました。

「よし、本屋さんに行って何か読み物を探そう」

そう思い、立ち寄った本屋さんでたまたま出会った一冊の本、それがラダーシリーズ（IBC パブリッシング）の『Inspirational Proverbs and Sayings』でした。

　ラダーシリーズとは、使われる語彙ごとにレベル分けされており、本の中で使用される語彙が制限されている英語の本のシリーズです。巻末にはワードリストというものが用意されてあり、辞書を引かずに英語を読む工夫がたくさん詰まっています。

幅広い内容・ジャンルのものが選べる点、古典や名作などがやさしい英語で書かれている点も素晴らしいと思います。自分の好きなものや興味のあるものを選ぶ際にうってつけのラインナップになっています。
　ちなみに、これが僕の記念すべき最初のラダーシリーズ。

　毎日持ち歩いていたので、ずいぶんボロボロになってしまいました。

　この本で僕がもっとも驚いたことはとても簡単な英語で書かれていること、と合わせて、これは自分では言えないなあ」という表現がたくさん詰まっていたこと。

読みたいものと言いたいことが同居している読み物に僕は初めて出会ったんです。それまでは「読んだものは読んだもの」、「言いたいことは言いたいこと」というように別のものと思っていました。

　それは同時に、インプットはアウトプットとは関係のない別物と思っていた時期でもあるのです。

　でも、「工夫や考えかた次第で、インプットは限りなくアウトプットに直結する」ことを僕に教えてくれたのがこのラダーシリーズでした。

　ここで、僕が初めて手にした『Inspirational Proverbs and Sayings』に出てくる一文を紹介したいと思います。次の英文が最初に出てきます。

> Knowledge and skills can take you far in life, but they can't take you all the way.

「知識とスキルは人生においてあなたを前進させてはくれるけれど、最後までは手伝ってくれない」という意味合いです。

　ぼくはこの英文でやられてしまったんです。日常会話で「途中まで送るよ」と言いたいときに I'll take you half the way. を使うことがありますが、「主語が知識とスキルになってもこんな言い方ができるのか」と素直に驚きました。

😊　非常に英語らしい言い回しで、

<u>「自分では思いつかないなあ」</u>
<u>「こんな風にシンプルな英語で言いたいことを表現できたらいいなあ」</u>

と感動を伴ったのを覚えています。その後も、言えるようにしたいフレーズや表現が読み進めるたびに出てきました。

😊　また、ラダーシリーズはレベルごとに語彙制限がされているので、<u>見知らぬ単語が出てきて読むのを邪魔されたり、立ち止まらないといけなかったりすることがありませんでし</u>た。

　自分で言えない表現がたくさん出てきたことと簡単な英語で書かれていたことは、僕がまとまった英語を読むうえで大きな要素だったと今振り返って思います。

◉英語の世界をジョギングする
　ラダーシリーズを読み進める僕の気持ちは、ジョギングをしている感覚に近かったと思います。身体をシンプルに動かしたいときにジョギングは最適です。ジョギングのときってよく慣れた場所を走りますよね。

ジョギングのときに、行き先のわからない場所や何度も止まらないといけない信号がたくさんある道はあえて選ばないですよね。ラダーシリーズを読み進めながら身についた感覚は、そのジョギングの感覚に近いんです。

😊　一度読み終えた後も、「これはまだまだ使える」と思い、繰り返し同じものを読みました。何度読んでもグッとくる言葉たちのおかげで、僕は走り慣れたいつもの道を何度も走る、という感覚を知ることができました。英語の世界を心地よい風を切りながら、景色を楽しみながらジョギングする感覚です。

シンプルに走るというプロセスがなければ、速く走る、長く走る、高く遠くへ飛ぶ、ということはできないでしょう。そのためには、障害の少ない安全な場所を日々走ることがとても大事になると思います。

　このジョギングにあたる、様々なものへ応用が可能な基礎的なプロセスを抜きにして、速く読むことはなかなか実現しにくいのです。

　さらにジョギングになぞらえて言うと、連続して読み続ける時間もとても大事だと感じています。10秒走って止まるというジョギングはあまりしないでしょう。もししたとしても、何の力もつかないと思います。<u>走り続けるから意味があり、価値があるのだと思います。</u>

　それと同じで、英語も一定時間読み続ける体験がとても大事なんです。あまりにも知らない単語が頻繁に出てきたり、意味が取れなさすぎて何度も立ち止まると、連続して読む機会を失ってしまうんですね。それは同時に、ジョギングの気持ちよさ、つまり読む楽しさまで奪われてしまいます。

　僕が英語学習を通して足りなかったもの、そして必要なことがこのラダーシリーズには詰まっていたんです。

2 | The Reason It's Better to Read than Listen

聞くより読む、
そのわけは？

⊙聞いてわからないものは読んでもわからない

　まとまった英語を理解できるようになるために最もすべきことは「読む」ことだと自信をもって答えます。先に、まとまった英語を聞くことが大切だと述べたにもかかわらず、「聞く」ことでないのはなぜか。ここでお伝えしたいと思います。

　僕はまとまった英語を聞く機会が増えるごとに、次のことを痛感していました。

「発音のルールを理解しても英語の意味がうまく取れない」
「音はわかるのに意味が頭に入ってこずに、何も残らない」

　そのときに自分のことを見つめて気づいたのは、<u>聞いてわからないものは読んでもわからない</u>ということ。

　音が音声的にわからないものは、音を知ればすぐに解決します。音への慣れは早く成長を感じられます。深刻なのは、音はわかって聞き取れているのに意味がわからないとき。

TOEICの試験などで、真剣に聞いて音は聞き取れているにもかかわらず、意味が入ってこないということが起こるときも同じです。この、音が取れているのに意味がわからないことは、話されている速度に自分の「理解」が追いついていない、という厳然たる事実なんです。

⦿聞く力を構成するふたつの要素

　聞く力、というものは非常に誤解されている部分が多いように思います。聞くという行為には大事な要素があると考えています。それは次のふたつです。

$$\boxed{音の理解} + \boxed{意味の理解}$$

「音さえ聞き取れれば、リスニングはできる」と思われている節があります。何を隠そう、僕も初めはそう思っていました。24時間連続でただひたすら聞き流したりしたこともありました。寝てる間もずっと英語を流したりしていました。

「まずは音に慣れることが大事」
「英語を聞き取れないのは音に慣れていないだけ」

その言葉を過剰に信頼して、ただひたすら聞き流す日々がしばらく続きました。英語の音に慣れる経験にはなったものの、音の理解と意味の理解にほとんど注意していなかったので、依然と意味がよくわからないまま多くの英語を聞いていたのです。ただ聞き流していたのです。

「日本語は何も考えなくても、耳に入りさえすれば意味が取れる。だから、英語だってとりあえず耳に入れて聞き流していれば、そのうち聞けて意味もわかるのだろう」

　そんな風に思っていたのです。

　でもですね、結局英語が聞けるようにはまったくなりませんでした。

「大量の英語を、膨大な量の英語を聞いたはずなのに」
「僕の耳がおかしいはずだ」

と思い耳鼻科に行きました。本当の話です。結果は異常無し、そりゃそうですよね……（笑）耳掃除をしてもらって帰りました。そして、その後に起こった出来事から、たったひとつの単純なことに気づいたんです。

それは友人宅でテレビゲームの Wii をしてホームパーティーをしていたときのこと。足元のパッドの上に立って、飛んでくるサッカーボールをヘディングして打ち返す、というゲームがありました。

　まっすぐ立っているところに次々とサッカーボールが飛んできます。ボーッとしているとどんどんとサッカーボールは頭上をかすめて通り過ぎていくので、飛んでくるボールのタイミングに合わせて、こちらからひとつひとつ迎えにいかないといけないんです。

　それはもう必死です。続けざまに向かって飛んでくるボールに狙いを定め、とらえようとこちらから迎えにいくのですから。このゲームをしながら僕は英語を聞くことに関するとても大切なことに気がつきました。稲妻で打たれたような衝撃と啓示を受けたのです。

「そうか、英語を聞くことも同じなんだ」と思いました。ボーッと立っていてはいけないんです。リズムに合わせて、狙いを定めて、こちらから迎えにいかないといけないんだな、と気づいたんです。

　その数日後にいわゆるブレイクスルーというものを感じる日がやってきました。

◉ 大切なのは聞く姿勢

　今でも覚えています。よく晴れた午後の坂道の途中でした。

「あれ、英語が聞き取れている」

と感じ、全身総毛立つ瞬間を迎えました。

　そのときに気づいたこと、それは<u>意味を取ろうとして聞く</u>ことの大切さでした。リスニングは僕が思った以上に能動的な運動だった、ということ。何も考えずにボーッと音を受け入れる作業ではなかった、ということ。

　意味を理解しようと聞かないと、わかるようにはならないんですね。何度も意味を取って、理解に慣れてきた部分だけが考えなくてもわかるようになっていくということです。「なんだ、そんなことか」とお思いの方もいるかもしれません。でも、聞き流せばなんとなく英語がわかるようになると思っていた僕にとっては衝撃的な出来事でした。初めから勝手にわかるようになるわけではなかったということに長い間気づけなかったんです。

⦿ わからないことをつぶすために読む

英語の音自体に慣れることは比較的早くできますが、話される英語の理解度を上げることは簡単ではありません。やたらめったらに英語を聞いても伸びないことがわかりました。

どうしてか？　理由はひとつ。

<u>初めのうちは、わからないところがわからない</u>

からです。

リスニングは話し手の速度で進んでいくものなので、わからないところは記憶にも耳にも残らずに、跡形もなく消えてしまいます。わからなかったところ、聞き取れなかったところがはっきりしないまま、時間が過ぎてしまうわけです。

もちろん、これはしょうがないことです。これを避けるために大事なことは次のふたつです。

> 1．意固地にリスニングだけに固執しない
> 2．英語の理解度そのものを上げようとする

文字のない状態でいくら聞いてもわからない部分は聞き取れずに、聞き逃すことになります。そのため、わからない部分と向き合う機会を得ないままになってしまうわけです。これでは伸びようがありません。

そこで、僕は英語の理解度そのものを上げるために、英語を読むことに力を入れました。効果的に英語の力を伸ばすという点においては、やはり読まないといけないと考えたからです。

　音がしっかり理解できている前提ですが、話されるくらいの速度で英文を読んで理解できれば、その文を読みあげられても理解できます。ですから、文字で見て、頭の芯で理解しようとしてみるんです。

「ああ、ここで意味が取れなくなっているのか」
「そうか、ここがわからないのか」

という風に。その理解の痕跡が音で聞いたときに「わかる」ところに落とし込まれます。読んだこと、そこでわからなかったことを乗り越えるプロセスが「聞く」に「効く」んです。

◉リスニング力は聞くだけの力ではない

　リスニング力というと、聞くだけの力と考えている方がいらっしゃるかもしれません。これは実は違います。結局のところ英語の理解における総合力だと考えています。

　そして聞いて「わかる」という力を最も支えている部分が、文字で読み、英語を前から順に理解していく力、つまり読むこと、なんです。

ひとつ実体験をお話させてください。まったく対策をせずに TOEIC を受けたところ、結果は 870 点でした。自分ではまったく納得がいきませんでした。もっとできた、わかったつもりだったからです。この経験が自分の英語の理解度のネジを締め直すプロセスを作り出しました。それがアクティブリーディングだったんです。

　読む意識をアップデートし、読みかたを新しくアップグレードしないといけない、「わかる」ことを徹底的に追及しないといけない、そう思わせてくれたのです。

　その結果、その後の TOEIC で、リスニングで満点を 3 回連続で取得することができました。読むことが英語の理解の基礎を構築するネジの緩みを改善し、聞くこと、すなわち、総合的な理解を劇的に向上させてくれたのです。

　まとまった量のインプットを確保し、そしてアクティブリーディングを取り入れた僕の英語の理解度は飛躍的に増したと実感しています。

　自分のペースで、わからないところもわかるところも踏みしめられるフィールドを、読むことで作り出せるのです。

わからなければ立ち止まることができる。
わからない部分を自ら確認できる。

これは、自分の意思に反して次へ次へと進んで行くリスニングではできないことです。聞くことよりも読むことをオススメする理由はここにあります。

　繰り返し申し上げますが、もちろん聞くことも英語力を上げるにあたって大事なことです。聞かなくていい、というわけではありません。ただ、読むことが聞く力を高めることにつながると知っておいてください。

　では、次から「読む」こととは具体的にどのようなことなのかについて触れていきたいと思います。

column

> **セレン**
> @cellen0
>
> リスニング上達の最大の鍵は聞き逃さないようにする、のではなく聞き逃したくない素材を見つけること。いや、ほんと。

英語を読むことで、英語を聞き、理解する力もついてきます。リスニングで大事なのは集中してしっかり聞く力です。決して聞き流す力ではありません。

そしてどのように聞くか、と同じくらい、何を聞くかも大事だと思います。海外にいて英語で生活をしていて話の内容を聞き逃せない人と、リスニングの教材で勉強している人の決定的な差は「集中度と緊張感」です。

聞き逃したくない、そう思えるものを毎日の教材に使用してみましょう。そして聞き逃したくない、と思えるのは、実際に英語を使う機会もそうでしょう。力をつけるにはうってつけの場です。

恐れず飛び込んでみましょう。学習者から使用者へ、いつ移るかはあなた次第です。

3 What Does It Mean to "Read" English

英語が読める、とはどういうことか?

◉単に読むより一歩先へ

ここで早速、実際の英文をご覧いただきながら、英語が読めるとはどういうことかを実感していただきたいと思います。次の文章を読んでみてください。ラダーシリーズの『Inspirational Proverbs and Sayings』(P.49)から引用しました。

> **Hindsight is always 20-20.**
>
> Hindsight is the view of the past from the position of the present. 20-20 vision is perfect vision. It is much easier to understand clearly what happened in the past than to see clearly what is happening in the present.

この英文をどのように読みますか?
読んだ後にみなさんの中に何が残っていますか?

どう「読む」かとは、どう「残す」かだと僕は考えています。何を読み取り、感じ、そして自分の中に残すか、です。改めて英文を一緒に読みながら、「残す」方法を体感してみましょう。

　全体として「過去に起こったことを明確に理解することは、今ここで起こっていることをはっきりとわかることよりもずっと簡単なことだよ」というような意味になります。

　hindsight（過去を振り返った時の視点）や 20-20 vision（完璧な視力）という聞き慣れない単語に戸惑うかもしれません。hindsight は今いる地点から過去を振り返る見方のこと。20-20 は視力測定の最高値のことで、そこから視界良好の喩えとしてよく英語で用いられます。この意味を知ってから、僕はデジタル時計が 20:20 を指すと、「あ、パーフェクトヴィジョンだ。視界良好」とよく思ってしまいます（笑）。

　英語を読めるようになるために、語彙はとても役立つ知識です。ただ、そこで学びをやめてはもったいないです。

　例えば、「後からだったらなんとでも言えるよ」と言いたいとしますね。こうしてたらよかったなど「終わってからグチグチ言われてももう遅い」ときです。そんなときに Hindsight is always 20-20. が使えます。「過去を振り返ればいつだって視界は良好」という表現を「後からだったらなんとでも言えるよ」という意味を込めて使えるんですね。会議などで結果論ばかりいう人に僕も何度も使ってきました（笑）。

この文章を読んで、「過去にあった出来事のこと、そして今起こっていることはどんなことなのか？」といったところに少しでも意識が向いていれば、アクティブリーディングの核心に近づけつつあると言えます。

　英語をなんとなく読む、のではなく、自分の中に刻み、残すことを意識して読むようにしてみましょう。

⦿読むために読む、という得るものの少ない作業

　英語が読めることは、少し抽象的な言いかたをすると、読んだ後に「景色」があるかどうかだと思います。

　英語で一通り何かを読んだはずなのに、「何も残らない」「読む前と頭の中の景色が何も変わっていない」という経験はありませんか？

　僕はありました。TOEICに出てきた長文を読んでいたときのこと。ついつい読んだ設問のことを忘れて「ただ読まなきゃ」と目的を持たずに文字だけ追っていました。その結果、読み終わっても何も頭に残らず、また同じところを何度も読むはめになるんです。

　これが起こる原因は、英語を読むために読んでしまっているからです。

何も TOEIC に限った話ではなく、日々触れる英語でも同じです。何も追い求めず、何も探さず、何の疑問も持たずに読むとその状態に陥ります。英語を学び、英語の勉強のために英語を読む、という意識で読んでいると、なかなかその状態から抜け出せないのです。

　これが「読むために読む」ということ。この状態では、読んでも意見も感想もなく、心に 1mm の波も立たないまま終わります。

Talking just for the sake of talking.

　これは「話すために話す。ただ話したいから話す」という意味ですが、「目的もなく、ただ英語を読むために読む」という行為は、まさに

Reading just for the sake of reading.

という状態になっている可能性があります。読む先に何かを見据える意識を少しでも持ってみましょう。

奪いに行く
迎えに行く
覗きに行く
知りに行く

その目的で荷台をいっぱいにしたトラックで走り出すことが、英語を読むうえで最も大事なマインドなのだと思います。

　何も求めずに読むという読みかたは、僕の考えるアクティブリーディングの対極にある読みかた、パッシブリーディングです。つまり、受け身な読みかたなんです。読みながら何も疑問に思わず読むことになるので、内容がどうであろうとおかまいなしです。目的が英語を読むことになっているんです。手段が目的化するという一番よくないパターンと言えるかもしれません。

　しかし、これでは本当の意味で「読める」ようにはなりません。文字は追えるし、意味もわかる。でもそれは受け入れただけ、通り過ぎただけと言っていいと思います。

　もし「読める」人になりたいと思うなら、しっかり心に波風立てながら読む練習とマインドセットを変えること、がとても大切なのです。

column

> **セレン**
> @cellen0
>
> 英語学習をまとめると、目標で迷子にならないように、努力の方向音痴にならないように、走り出しは軽続楽習、スイッチが入ったらどんどん上を目指して。

目標を忘れてしまい、手段が目的になってしまうのはやっぱり避けたいところです。せっかくの努力がどこに向かっているのかわからなくなるのも避けたいところですね。

軽続楽習(けいぞくがくしゅう)は僕の造語です。英語学習の初期の頃の理想のスタンスを僕なりに表現したもので、負荷の軽いものを続けられる仕組みを作ったら、まずは楽しくそして周りの人から大切なことを習いながら伸びていこう、そんなイメージで作った言葉です。

習慣化で英語のスイッチが入ったら、意識はどんどん自然に上を目指せるようになるものです。火がついた心のその火種を消さないよう、自分の思う道をどんどん進んでいってほしいと思います。大丈夫、心の火は追い風では消えません。

4 Why Do People Give Up Reading English?

なぜ英語を読むことに挫折してしまうのか？

⦿英文が読めないふたつの理由

英語が「読めない」とは言いますが、細かな理由と大きな理由があります。

まず、細かな理由というのは文単位であげられるものです。

> 1．文法がわからず、構造がわからない
> 2．単語、言い回しや表現がわからない

知らないものはしょうがない、という世界です。英語の文章の意味が理解できないほとんどの場合はここにあると思います。

⦿単語は英語の解像度

一点目の文法に関しては、前に述べた基礎文法を初めとして、知らないものがあると、文の形である構造を理解することが難しくなります。

知らないルールはどんどんとインストールしていく姿勢が

大切です。先のChapterで挙げた基礎文法のインストールの手順でモノにしていきましょう。

次に挙げた単語や言い回しについては、もしその単語や表現を知らなければいくら文の構造がわかろうとも、内容の理解をすることが難しくなります。

そこで、単語力はやはり大事になってきます。よく「結局、英語は単語だ」という言葉を耳にします。少し暴論のような気もしますが、あながち間違えてもいないと僕は思います。

単語のとらえかたを、僕はよく次のように表現しています。

単語は英語の解像度

単語が少しわからなくても、なんとなくの内容がわかることはありませんか？　これは、目の前がなんとなくは見えるので、大怪我をしたり大きく転倒したりはしないものの、なんだかぼんやりしているという状態です。

ここでもし単語を知っていれば、英語の世界はクリアになっていきます。解像度が増し、透明度が上がっていくのです。

では、この肝心の単語力をつけるために大切なことは何でしょうか？　僕は<u>不自由であることを体験する</u>ことだと思っています。

⊙不自由さが単語力をつけるモチベーション

　主婦の発明のほとんどは不自由を解消したい一心で生まれると言います。そのくらい不自由を解消するモチベーションはすごいものなのです。

　僕も英語を始めたばかりの頃、「単語帳で単語の勉強するなんて、大人になってまでやりたくないなあ」とか「面倒くさいなあ」とか思っていたんです。買っておいた単語帳もしばらくほったらかしでした。

　また、日常会話に出てくる単語や表現は、会話の中で覚えていけばいいと思っていたので、会話をすることばかりに気を取られていた時期がありました。

　それもこれもどうしてかというと、<u>単語力というものの本当の必要性をまだ肌で感じとれていなかったからです。</u>

　僕が「これはまずい」「単語力をもっとつけたい」と心から素直に思えたのは、英語を読むことを始めてからでした。読んでみるとまあ、読めない読めない。新聞なんかを読もうとすると、見出しの最初の単語からわかりませんでした。もう不便でしょうがないんです。読んでいる時間よりも圧倒的に調べている時間のほうが長いんです。

　しばらくこの状態でいた僕が気づいたのは、<u>単語力はやはり必要だということ</u>と、<u>不自由を解消するモチベーションがあって初めて単語を覚える動機がはっきりする</u>、ということ。

どうして単語を覚えるのか、という問いにぼんやりと答えられないまま、単語力増強、いわゆるボキャビルに取り組むと、よほどの英語好きでない限り、挫折してしまうと思います。僕は英語好き、ではありません。ですから、事実、その真の動機に出会うまでは、買った単語帳をずっとほったらかしにしていたわけです。

「読めない」「わからない」
「視界がぼやけていて気持ちが悪い」

　こういった不自由を解消したい、という強い動機が僕に単語力というものの大切さを教えてくれたのです。

◉ 単語を覚えるよりも前にやってほしいこと
　僕の経験から、まとまった英語を読むことから始めることが大切だと思います。この順序が逆になってしまっている方が多いように思います。つまり、不自由さを知らないまま、単語を覚えようとしているのです。

「なんとなく覚えたほうがいい」という程度の動機では、なかなか単語は覚えられないし、定着しません。「この単語は自分に必要なもの」と感じて初めて、脳はそう認識し始め、忘れないようにしようとしてくれます。そのためには、まず読むことが大事です。そこで不自由を多く体験することです。

単語は「単語帳で覚えるか？　読み物の中で覚えるか？」というご質問をよくいただきます。答えはどちらも大事であって、決してどちらかだけではない、ということです。
　単語を動物に例えると、単語帳は動物図鑑のようなものです。綺麗に整理、分類され、整然と並んで体系的にまとまっていてわかりやすいです。そのため、知るには効率がいいわけです。ただ少し足りないのは、野生の臨場感とストーリーです。その動物が実際にどう暮らし、どういう場所で、どういう仲間や家族と生きているかは実際に生で見るに限ります。単語も同じなんです。

<u>整理された図鑑で体系的に効率的に学びながら、生きた英語の中で実際にどう使われているかを知り体験していく。</u>

　両方があって初めて、効率よく、かつ生き生きとしたものとして、単語を自分のものにしていけるでしょう。
　どちらも行き来することによって、英語という世界を眺める解像度はグングンと上がっていきます。そして、上がった解像度はわからない部分をクリアに見せてくれます。そうすると、そこを見ようとさらに努力をします。このような成長のスパイラルに突入していくことが単語力、という点において大事だと思います。

◉ まとまった英語が読めないふたつの理由

次の大きな英語が読めない理由、というのは下のふたつが考えられます。

3．背景知識がない
4．論旨の展開がわからない

◉ 背景知識は日本語でも学べる

背景知識については、かなり厄介で、思う以上に高い壁です。前に引用した Hindsight や 20-20 などがいい例です。視力検査の最高値が 20-20 だと知らないと、なかなか内容を理解することができないでしょう。例えば、英語でコメディーなどを見ていて笑えなかった経験はありませんか？これはもちろん英語力も影響しますが、背景知識の影響がかなり大きいです。逆もしかりで、外国人が日本のお笑い番組を見てもちっとも面白くない、ということが起こります。

この理由は、僕らが当たり前に理解して笑っている大半の部分が、背景知識をベースに処理しているからですです。昔流行ったお笑い芸人のネタや過去のテレビ番組の話題、ワイドショーのネタなど、日本で暮らしてきて当たり前に体験してきた多くのことが、僕たちの日本語の中で当たり前のように飛び交っているのです。当然、これは英語の世界でも起こりうることです。

背景知識はひとつずつ知っていくことでしか解決できません。ただ、<u>知識として日本語でインプットできること</u>を有効活用しましょう。例えば、英語で読もうとしたニュースの骨子や大まかな出来事は、日本語のニュースを先に読むことで仕入れることができます。

◉英語ならではの論旨の展開を経験してみる

　そして大きな理由のふたつめである論旨についても触れたいと思います。英語には日本語以上にはっきりとした論旨の展開があります。ある種の文の「型」と考えてください。

　僕は英語を学ぶまで論旨などまったく意識したことがありませんでした。そのため、思っている以上に日本語との思考の手順が違い、面食らうことが何度もありました。

　日本語の作文をイメージするとわかりやすいのですが、僕たちは作文をするときに「型」を教わった経験がないはずです。こう書き出してから、こう展開してこう着地する、という書きかたのことです。もし経験がないのであれば、多くの日本人にとって書く、というのは、いわばフリースタイルで、作文という最も人生の初期の頃に始める書き物から、自分の好きなように書き連ねてきたわけです。ここが英語の論旨、論理の展開と大きな差になってくるのだと考えています。

英語では、まず結論ありき、そして理由を述べてその結論に肉付けをして、最後に改めてその結論を述べる、という型があります。

　こと書き物（つまり読むほうにとっては読み物）において、まったくのフリースタイルというものはほとんどありません。好きなことを順序も脈略もなく、ただ気持ちのおもむくままに書き連ねた文章はなかなか目にしないでしょう。

　もちろん文学作品などは少し違うのですが、それでもやはり「筋が通っている」のが英語の世界においての論旨のありかたです。英語を読むときには論旨があることを頭の片隅に置いておきましょう。

　そしてその論旨の道順は英語を読むということを通して学び、知っていくものなのだと思います。英語を読むということを通して英語らしい、エッジのシャープなものの考えかた、そして伝えかたを経験することができます。

　英語の論旨を知ることで、日本語での思考にかなり大きな影響を及ぼしているなあ、と感じています。日本語での会議でよく論旨のわからない話や結論の曖昧なまま話がなんとなく進んで行くような状況に出会うと、違和感を覚えるようになってきます。

例えば、「今、話が曖昧になっていて、答えが見えないので一度整理しませんか？」など、物事を鋭くとらえる力になって反映されていくのです。これは、英語を読み、その思考回路をたどることが僕たち日本人にとってとても大きな利益になる証拠のひとつだと考えています。

　英語で put oneself in someone's shoes という表現があります。直訳すると「誰かの靴に誰かを入れる」となるのですが、人の立場になって物事を見たり考えたりする、ことを表しています。

　誰かの靴を履き、自分の歩いたことのない道を歩いてみる、そしてその道順や景色を味わってみる、そんな経験が英語を読むことでできるんです。

　少しワクワクしませんか？

　きっとこれまで体験したことのない世界がたくさん視界に入ってくると思います。そして考えかた、ひいては生きかたにまで影響を及ぼすこともあるんです。
　外国語を学ぶ、ことはそのくらいインパクトのあることなんだと僕は思っています。

⦿ 結局、何からやればいいのか？

細かな理由と大きな理由についてお話しましたが、結論としてやるべきことは、英語が読めるようになるためには「まとまった量の英語を読む」ことにたどり着くと考えています。

僕は、英語を読もうと思って読み始めた頃、負のスパイラルにおちいったことを今でもよく覚えています。読もうとしても読めないので、
「自分はまだ英語なんて読めないんだな」
「読むにはまだ早いレベルなんだな」
「単語だけ勉強しよう」
「文法だけやってよう」
「文章を暗記しよう」
という流れになっていったのです。

この流れになってしまう方は非常に多いのではないでしょうか。もしこの状態で進めていったらどうなるかと言うと、もちろん「読める」ようにはならないわけです。結局、読んでいないから、ですよね。本当は一番読まなければいけないときなのにもかかわらず、その肝心の「読む」ことを先延ばしにしていたのです。

このスパイラルから抜け出すにはどうすればいいでしょう。

一番最初の難関を突破するたったひとつの秘訣は、読む対象の選びかたにあると断言できます。

⊙どんなものを読めばいいのか?

　読むことを先延ばしにしてしまうのは「背伸び」しているからです。自分ならこれくらい読める、エコノミストとかフォーブスとか読んでいたらかっこいい、といった気持ちから、ついつい「いいカッコ」してしまうんです。

　でも、もしあなたが本当に英語を読む力をつけたかったら、真っ先にやるべきことは「カッコつける」ことではなく「身の丈にあった読み物を選ぶ」ことです。自分の体型にぴったり合う服を選んであげないといけないんです。

　最初から超難関の読み物に挑戦することの最大のリスクは、読める喜びを得られないまま挫折してしまう可能性が高いことにあります。

　スノーボードでもサーフィンでも、ある程度連続して滑れたときに初めて楽しくなります。英語を読むことも同じで、ある程度連続して読めたときに初めて「夢中」になれるんです。シンプルに没頭できる時間が必要なんです。

　ですから、この「夢中」になれる瞬間をどれだけつくれるか、ということを意識しておきましょう。

「集中は疲れるけど、夢中は疲れない」

　俳人の俵万智さんの幼いお子さんが放った名言です。英語を読むことに関して、「まさにこれだ」と強い衝撃を受けた言葉です。頑張って集中して読もうとしても、結局「集中」している時間です。「夢中」になっている時間には敵わないんです。

　英語の本を読むときに一番多い声が「途中で挫折してしまう」という声です。洋書を買ってはみたものの、途中で放り投げてしまって埃をかぶってしまう。と同時に、英語に対する誇りも埃をかぶってしまう。「もういいか」となってしまうんです。

　英語の本で挫折しないための最大のコツがあります。

<u>挫折しないものを選ぶ</u>

ことです。
　当たり前のようですが、その当たり前のことができていないからこそ、多くの人が挫折してしまうんです。挫折しないためには挫折しないものを選ぶ、ということをぜひ覚えておいてください。そうすれば、英語に夢中になっている自分に気づくはずです。

5 Active Reading with the Body and Soul

体感と体幹を手に入れる
アクティブリーディング

◉英語の体幹、コアを育てる感覚

英語を英語のまま読めることは、理解を深め、正確性を高めます。しっかりと理解できてくると、読む速度が上げられます。速く読めるようになると、記憶の定着が促されます。ですから、「しっかり読めること」が大切なスタート地点であると認識してください。

<u>しっかり読むことができ始めると、英語の「体幹」が育ちます。</u>ぶれない、しなやかな感覚です。

この感覚がつき始めると、わからない単語を推測することが自然にできるようになり始めます。少しくらいの風でもよろめかない体幹が育っている証拠です。と同時に、英語のフィーリングや皮膚感覚が育ち、不自然な感じがするという感覚も身についていきます。

どんな国の、どんな言語を話す人でも、その言葉の響きが自然かどうかを確かめるとき、口にしながらその響きを確認します。書いて目で確認するのではありません。<u>自分の口で言って、口なじみや響きで判断するんです。</u>

もし同じことが英語でできたのであれば、インプットされ

た語順が音をともなって記憶されている証拠です。この感覚はしっかり読むことで育っていきます。

僕がアクティブリーディングを通してお伝えしたいのは

<u>英語の「体幹」が育つと「体感」が育つようになる</u>

という感覚です。

例えば、次の英文を読んでみてください。

John is going to America to study English.

この文章を読んで、どこかおやっと思うところはありませんか？ 文法的なことでも、なんでも構いません。

僕はこの例文をどこかで見かけたときに「John は英語圏に多い名前だけれど、英語が第一言語なのにアメリカに英語を勉強しに行くのかな？」と思ったのを覚えています。もちろん、いろいろな生活環境や国のバックグラウンドがあるため、一概に言えないことはわかっています。

ただ、この文章を初めて目にしたときに、「おや？」と疑問に思ったことは確かでした。意味がわかる、の向こうに「どうして？」があったのです。もう一歩先に、<u>もう一歩深く、進んでみる意識が少しあるだけで、英語という言葉の向こう側は少し近づいてくる</u>のだと思います。

この体験をしていただくべく、同じ視点で下の文章を読んでみてください。

I saw a lion in Shibuya yesterday.

「ええぇ！」「どういうこと？」と思ったり、聞き返したりしたくなりませんか？
　<u>英文に抱いた「おや？」という気持ちがアクティブリーディングの第一歩です</u>。「へー、渋谷でライオンを見たのね」で終わってしまっては、その先のおいしい部分を取り逃がしてしまいます。その先には栄養価の高い部分があるのです。

　また別の例として、TOEICのPart 7があります。たったひとつの答えを求めて長文を読むセクションですが、苦手だという声をよく耳にします。なかなか答えが見つけられなかったり、設問に答えられなかったりするのは、

<u>普段からアクティブに読めていない</u>

というシンプルなことだと思います。これがけっこう大きいように自分の経験からも感じます。

ですから、普段からアクティブに読むようにすればいいわけです。意識を変えるだけで、誰でも簡単にアクティブになれるんです。
　以下のことを日頃から気をつけるだけで。

<u>目的を持って読む</u>
<u>疑問を持って読む</u>
<u>問いながら、求めながら読む</u>

というアクティブな姿勢です。

　読むことと聞くことをインプットと言いますが、アクティブリーディングの考えにおいては、<u>限りなくアウトプットに近いインプット</u>にすることができるんです。読むことを受け身にとらえず、ぜひ貪欲に求めながら読むスタンスを日頃から意識するようにしてみましょう。

6 Reading Closely or Reading Widely? The Winner is…

精読？　多読？　答えはどちらか。

⊙精読も多読もアクティブに

　まとまった英語を読むことに関して、精読（じっくり読むこと）と多読（とにかくたくさん読むこと）のどちらが大事かという議論がされています。

　僕としては、どちらも大事であって、決してどちらかではないと思っています。両方が大事なんです。

　どちらにもアクティブリーディングのアイデアは活かせますから、それぞれ見ていきましょう。

　たくさん読む多読をするときに「どうして読むのか？」と自分に問いかけることは大切です。「この先の物語で何が起きるか？」をどんどんイメージしてワクワクを忘れないで読むことだって大切です。

　また、じっくり読む精読の場合でも、どこまでじっくり読めるかとなると、イマジネーションや推測力を働かせ、行間を補っていく攻めの読みかたはとても大事なスキルになります。

精読であれ、黙読であれ、受けではなく、奪いに行く、迎えに行くという姿勢が常に自然に保てれば、じっくりと読み解くこともたくさん読むことも楽しくなっていきます。

◉読むことは楽しいこと、という原点
　読むことの最大の喜びはやはり「楽しい」に集約されると思います。「どうして読むのか？」の答えは人それぞれですが、楽しくもないものを歯を食いしばって読むことは苦しく、そんなことが続くはずはありません。
「どうして読むのか？」の根底にはやっぱり「楽しい」があるんだと思います。

　これまで見たことのない景色や覗いたことのない世界がたくさんあります。同じ物語であっても、英語という窓を通して眺める世界はまったく違って見えるでしょう。英語で読むという行為は、これまでしてきた日本語という窓を通して世界を覗くことと違う体験ですから。

「精読か？　多読か？」この問いに惑わされる必要はありません。どちらも正しい、そしてどちらにも大事な要素があります。
　まずは、英語を読むのが楽しいと心から素直に思えるゾーンに入っていきましょう。人は誰しも好きなことは言われなくてもやるものです。好きだからやる、というシンプルな場所にたどり着けたら最高ですよね。

column

> **セレン**
> @cellen0
>
> 真面目にやるだけなら簡単。遊ぶだけならもっと簡単。真面目に遊べるか、が一番大事だと思う。

英語の身につけかた、となると、極端な方向に議論が走ってしまいがちです。「勉強が大事だからしっかり毎日何時間勉強を」という声から「コミュニケーションの力を育てることが大事。文法なんて勉強してないで友達や恋人を作ってどんどん遊ぼう」という声まで。

これもまた極端な話で、大事なことは真面目に遊ぶ、というスタンスだと思っています。両方大事なんです。

机で勉強してるときも思いっきり楽しむ。友達たちと遊ぶときも思いっきり学ぶ。遊びにも学びはあって、学びにも遊べる部分がたくさんあります。

真面目さとはユーモアや遊び心を忘れることではなく、遊ぶというのは不真面目になることではないです。

真面目に遊べる人は強い、僕はそう思います。

Chapter 4
徹底解説 & 実践
アクティブリーディング
Active Reading through
Commentary and Practice

1 The Three Central Ways to Maximize the Reading Experience

読む体験を最大限に活かす アクティブリーディング3つのコア

◉英語力の伸びを体感させてくれた3つのアイデア

　この章では、僕がラダーシリーズの中から具体的に何を選び、文字通り階段をステップアップしていくようにゼロから確実にレベルアップしていく読む方法をお伝えさせていただきます。

　最初に、アクティブリーディングの核となるアイデアを簡単にお伝えしましょう。学習の初期段階で、しっかり読むことに時間を費やさなかったことで苦労した結果生まれた、僕自身の英語力の伸びをグンと加速させてくれたアイデアです。その頃の僕に足りなかったこと、そして、実際に試して確かに結果が出た方法をすべて凝縮しました。

　これらを頭に入れた上で、具体的なやり方を知れば、より一層アクティブリーディングの効果を実感してもらえると確信しています。

　では、次から、3つのコアアイデアを見ていきましょう。

アクティブリーディングの3つのコア

その1

文字から得られる情報を五感を使ってアクティベートする

その2

「これが言えるか？使ってみたい」という姿勢を持つ

その3

自分に問いかけながら読む

「なぜ読むのか？」
Why do you want to read it?

「何を得たのか？」
What did you get from it?

◉ 文字を立体化させるあたらしい読みかた

　本書で提案したい読みかたの軸となるのは、五感を使って英語の情報をアクティベートする感覚です。

1st idea:
文字から得られる情報を
五感を使ってアクティベートする

　英語を読むときに目の前にあるのは文字です。目から得る情報を最大限に引き延ばすのは想像力です。具体的に言うと、ビジュアライズ、つまり文字情報を映像化する力です。文字から得られる情報を五感を使ってアクティベートするのです。

　僕が好きでよく読んでいる英語のサイトに「This I Believe（http://thisibelieve.org/）」というものがあります。有名な人ではない、ごくごく一般の市民の方が「自分が信じるもの」についてエッセイを書き、それを読み上げた音声を聞くことができるサイトです。

　飼っているペットが死んでしまった話、大好きな友達が引っ越してしまった話、知らない人に助けてもらった話など、決して新聞のトップニュースにもならず、誰も知らない名もなき市井のストーリーがそこにはたくさんあります。

英語を始めてからすぐに見つけ、なんとなく読むことを習慣にしていました。ただ、当時の僕は英語を読むために読んでいたので、驚くほど感情も動かず、何も頭に浮かばず、ただひたすら文字を消化するというような読みかたをしていました。

　自分がこのように文字を消化する読みかたをしていたことに気づいたのは「なんとなくいい話だなあ」と思って保存していたエッセイを翌年たまたま見つけ、改めて読んだときに号泣してしまったという経験があったからです。

　読むために読んでいたときには何も心に訴えかけてこなかった英語。それが、<u>読みかたの意識が変わり、思い、そして描き、文字の向こうを想像しながら感じて読む</u>、ことができるようになってから読んだその話は、強い衝撃を持って僕の心に訴えかけてきました。

　そのエッセイとは、母親が障害を持った息子に宛てたものでした。障害を持つ自分の子どもに、その母親が I love you from the top of your head to the tips of your toes.（頭の先からつま先まで愛してるわ）という表現で締めくくっています。
　身体に障害を持つ子どもに対して母親がこのように声をかける意味というのは重く、そして想像をはるかに超えた深い愛情にあふれていますよね。

初めて読んだときにすでに意味はわかっていましたが、二度目に読んだときは、その深い愛情が自然と胸に入ってきて、とめどない涙となってあふれてきたのです。

　<u>言葉の向こうの景色を描きながら、ストーリーや思いを描くことができれば</u>、こんなにも英語は大きな力を持って届くものなのだと感じて、今も印象深く心に残っています。

◉五感を使って言葉の向こう側へ

　英語のニュアンスがなかなかわからないという方は多いでしょう。例えば、（文脈にもよりますが）You got me. という表現を見たときに、「get＝得る」という理解だけではニュアンスはきっとつかめないと思います。

　他にも、文法的な話で be going to と be supposed to と will の違い。「日本語にすると似た意味なのに、英語ではどう違うの？」と思った経験はあるだろうと思います。

　英語を母語としていたり、また同等に使いこなす人たちの感じかたを「僕たちも同じように味わいたい」と思いませんか？

　そのために僕らができることとは、<u>文脈の上に、そして意図のもとに使われている言葉をイメージし、想像力や五感をしっかり使って「思い巡らせる」</u>ことだと考えています。

描き、感じ、触れ、そして味わう。

これができれば、その感覚は僕らの中にも宿ります。英語だって日本語だって同じ言葉ですから。

　僕らがこれまで嫌というほど使ってきた日本語、そこに込めた思いや込められた思いに少しでも近づけるように、今度は英語にも「思い」を注ぐことが、英語を「わかる」次の一歩なのだと思います。

　視覚。聴覚。触覚。味覚。嗅覚。これらはすべて読む際に使える力です。

英語を通して景色を「視る」。
英語の文字から音を「聴く」。
英語を立体化し「触れる」。
英語を「味わう」。
芳醇な香りを「嗅ぐ」。

　僕たち人間が持った5つの感覚を総動員し、英語という言葉の向こう側をアクティベートしていくのです。眠っている文字を揺り起こすのです。

◉読むことをアウトプットの力に変える
　コアアイデアの2つめは、インプットを最大限アウトプットにつなげるものです。「これが言えるか」「自分なら書けるか」を常に意識することです。

2nd idea:
「これが言えるか？ 使ってみたい」
という姿勢を持つ

　インプトするものを、ただそのまま入ってくるものと思わずに、「アウトプットできるかどうか」という問いをスパイスとしてひとつ足してみる姿勢です。

　言われればわかる言葉をパッシブワード、言われてもわかるし自分でも発せられる言葉をアクティブワードと呼ばれます。アクティブワードを増やすことがアウトプットの力を高めるためには必要ですが、それを増やす最も簡単な方法が「使ってみよう」という姿勢を持つなんです。この意識がないままのインプットはどこまでいってもインプットのままです。

　よく「TOEICの試験は受け身の試験だから、やってても話せるように、書けるようにはならない」とおっしゃる方がいます。しかし、僕は「そういうやり方をしているから」だと考えています。取り組む際に「使おう」という姿勢さえあれば、記憶の定着と臨場感が圧倒的に違ってきます。

もっと身近な例を出しましょう。僕は英語がまったくできない母親を連れてニューヨークに行ったことがあります。ニューヨークには日本のようにどこにでもトイレがあるわけではありません。そこで母親は「トイレの場所だけは聞けるようになりたいから、トイレはどこかと尋ねる英語を教えてくれ」と僕に頼みました。僕は実験も兼ねて少し長めの英語を教えてみました。

Do you know where the nearest bathroom is?

　いわゆる関節疑問文です。すると、教えたそばから、何度もつっかえながらも、暗唱を始めました。「すぐに使う」「言えないとトイレに行けない」という切迫感からか、すぐに覚えて、ニューヨーク滞在中は、トイレの場所を聞くことだけは一切困りませんでした。自分で言えるかどうか、という姿勢はこんなにも言葉をアクティベートするという体験です。
　これをインプットの際に意識的にやってみましょう。

「こんな風に言えたらいいな」
「こんな自然な英語が使いこなせたらいいな」

　そんな視点で読むのです。インプットがインプットでは終わらずに、口をついて出る言葉、頭に浮かんでくる言葉としてしっかり蓄積されていきますから。

親が子どもに「そんな言葉、どこで覚えてきたの？」と驚くことがよくありますよね。子どもは自分が使いたい言葉や興味のある言葉を、宝探しのようにどんどんと探しては溜め込んでくるんですね。僕たち大人もそういうマインドが必要なのだと思います。自分が使う言葉には敏感に、そしていつもワクワクしていたいものです。

◉読む前と後に必ずしたい問いかけ

　３つ目のアイデアは読む前後に行うものです。これをするのとしないのでは、全体としての理解度に大きな差が生まれます。読む前と読んだ後にしっかり問いかけてあげましょう。

> **3rd idea:**
> **２つの問いを自分に投げかける**
> 　なぜ読むのか？（Why do you want to read it?）
> 　何を得たのか？（What did you get from it?）

　これらを読む前後に自分に問う癖をつけるだけで「読む」力が飛躍的に上がります。もっと厳密に言うと、読む「意識」が変わるんです。

　逆に、この問いを持たずに読むと、悲惨なことが起こります。この経験には僕自身ずいぶんあきれたというか、愕然としました。

僕が英字新聞を読んでいたときのことです。ある記事を読んだ後、次の記事に行ってるにもかかわらず、そのことにすら気づかずに読んでいる、という経験をしました。

自分は何をやっているんだろうか。何もわかってない以前に、何も知ろうとしていないんだと気づかされました。「知ろうとしないのが素人」という言葉がありますが、まさに自分はそうでした。読みの素人です。

何の目的も持たずに読むと、こういうことが起こります。浅い好奇心に薄い理解度で、いいことが何もありません。

まずは読み始める前の問いです。

Why do you want to read it?

この問いが自分の求めるものをクリアにさせ、進む道を一本に絞ってくれるのです。次は読み終わった後の問いです。

What did you get from it?

読んだものをすぐに整理し、触れ直す習慣をつけるという狙いがあります。この習慣があるかないかではまったくもって英語力は変わります。履き終わった革靴をほったらかしにしておくか、ケアしてあげるかの違いのように。

読む前、そして読んだ後のケアが英語を読むことに関してとても大事で、意外と多くの人がやっていないことなんです。

以上、アクティブリーディングを支える３つのコアアイデアでした。

英語を読むと言うと、僕もそうだったんですが、ただ読むということをしてしまいがちです。しかし、目的を持たず、問いかけもせず、思い描きも疑いも求めもせずに読む英語はなんとも味気のない、そして理解度の薄いものになってしまいます。読むために読むことは避けましょう。

ですから、この３つのアイデアを心に留めて、英語を「読む」という行為を加速させてみてください。読めば読むほど力になる、というゾーンに入るための大切なプロセスです。

この感覚が得られれば、読むことが楽しくなっていきます。楽しくなると、人はもっと読みたくなります。どんどん読み始めると、さらに理解度が増し、英語の感覚も育ちます、そしてますます英語が楽しくなります。いい意味でのエンドレスゾーンに入ってしまえば、もう後は楽しむだけ、です。

column

> **セレン**
> @cellen0
>
> 真冬のランニングも外に出るまでめんどくさくても、走りながらめんどくさいとは誰も思わないわけで。モチベーションなんて、不確かな衝動に左右されないことが大事。やるなら、やる。そこに気分の介在する余地はない。

英語学習にとって、モチベーションというのは大きな要素です。僕が大事にしている考えかたは「やる気はやるからでるもの、モチベーションという不確かなものに左右されないこと」です。

モチベーションのキープの仕方をよく聞かれますが、実は質問の方向が違っています。モチベーションはキープするものではなく、そもそも上がり下がりを繰り返すものだという認識が大切です。キープしなくていいんです。左右されないことが大事なんです。

やる気がないからやらない、ではなく、やる気があろうとなかろうとやっているもの。英語がライフサイクルの中に上手に組み込まれていれば、そういう位置付けになるはずです。よしやるぞ、という気合も大事ですが、よしやるぞ、と思う前に取りかかれる距離にいつも英語がある生活を心がけるといいと思います。

2 Roadmap to the Practicalities of Active Reading

アクティブリーディング実践編 ロードマップ

　ここからは具体的にラダーシリーズの LEVEL 1 から LEVEL 5 までの作品を使った、実践的に段階を踏んで確実に読む力をつけていく方法をお伝えします。レベルごとのねらいを明確に分類し、戦略的かつ段階的に読んだ結果がどうなるのか、という部分まで明記しました。

　多読を推奨する本などでオススメの本が書かれているものは多いですが、具体的に「この本ではこういう読みかたをしよう」というロードマップ的な話ができるのは、ラダーシリーズという読み物が明確にレベル分けされているからです。

　楽しみながらいつしか読む力がついている、読めなかった英語が読めるようになっている、そこを目指したロードマップです。英語を読む力は特別能力ではありません。<u>確かな方法を、確かな回数繰り返した人に確かにつく力</u>です。「習うより慣れろ」と言う人がいますが、僕は違うと思います。「習いながら慣れろ」がベストです。

　やりかたを知って、成長のはしごを一段一段と一緒に登っていきましょう。登ったはしごから見える景色を一緒に味わいましょう。そして、英語が読めると素直に思えるところま

で一緒にたどり着きましょう。

> **STEP1 英語を英語のまま読んでみよう**
>
> **To-Do** 英語を日本語に訳さず英語のまま読んでみる
> **Can-Do** 英語に抵抗がなくなり、英語を英語の語順で英語のまま読めるようになる
>
> (LEVEL 1)
> 「First Steps in Reading English ～絵で読む英語～」
> *I.A. Richards / Christine Gibson*

20世紀英語圏の文芸批評家として言語感覚随一と言われ、ハーバード大学で基礎英語教材の開発を続けたI.A.リチャーズとそのリチャーズの片腕として言語研究所所長としても活躍したクリスティン・ギブソンの二人による共著でベストセ

ラー『絵で見る英語』の姉妹編です。

　ページを開くとわかるのですが、驚くほど簡単な英語が並んでいることに気づくと思います。

> This is a man.
> This is a hat.
> This hat is his hat.
> This is his hat.

「これくらいの英語はわかるよ」と思われたかもしれません。「そんなことから始めるの？」と感じたかもしれません。しかし、ここには大事なプロセスが含まれています。

　この本を使うことによって、英語を英語のまま取り入れてほしいと思います。そのためには、英語という言葉のニュアンスや感覚をとらえなくてはなりません。

　ここを多くの人がわかったつもりになって飛ばしてしまいます。それによって、結局「日本語に変換しないと英語の意味がつかめない」「なんだかしっくりこない」ということになります。これでは、英語を英語として感じる感覚がずっとつかめないまま、なんだかわかったようなわからないような言葉、のままになってしまうのです。

もしあなたが大人になって英語を始めようとしているなら、このプロセスは通っておかないと、後々積み上げる土台に、ニュアンスや英語の感覚という部分が抜け落ちてしまう可能性があります。

◉日本語にはない発想を、英語のまま取り入れる
　英語を英語のまま取り入れ理解するプロセスは、インプットだけでなくアウトプットにも大きな影響を与えます。英語には日本語の発想では出てこない表現がたくさんあります。例えば、次の英文をご覧ください。

What brought you here?
どうして日本に来たんですか？
（直訳＝何があなたをここに連れてきたのか？）

That's what keeps me going.
だから頑張れるんだよね。
（直訳＝それが私を前に進ませるものです）

　会話の中でこういった表現が自然に出てくることは、英語のOSがしっかり頭で稼働し、英語を英語のままアウトプットしている証拠です。日本語を英語に訳して話している状態とは、アウトプットの仕方が異なりますから。英語のOSがインストールされているわけです。

そこで、この本を読むことを通して、英語を英語のまま理解する体験を味わってほしいのです。子どもに戻って、基礎の基礎になる部分をしっかり築いてみませんか？　大人の英語学習の成功の秘訣は大人の計画性と子どもの素直さの両方を兼ね備えることです。

　子どもが無心で言葉を取り入れていくように、シンプルな英語を口にすることで、発音やリズム、語感をどんどんと身体に入れていきましょう。僕たちが言葉を身につけ始めた子どものときにやってきたプロセスをギュッと凝縮したものだと考えてください。

　それによって、英語を前からスッと理解し「自分にもしっかり英語は英語のまま入ってくるんだな」という経験を味わいましょう。英語との距離を詰める感覚を抱くことができていますか？　どこかの誰かの言葉、ではなく英語をあなた自身の言葉として感じられるように。

　そして、決して簡単であることをバカにしないようにしましょう。ここで養うべき力は、英語を英語のまま理解する力です。英語を理解するとは、英語の文法に沿った語順で出てくる英語の単語を、英語のまま理解するということ。決して日本語に瞬時に翻訳する作業でもなければ、日本語の語順に変換して理解するものでもありません。

このことは英語を日本語に訳すことを前提に英語を学んできた僕たちにとって簡単なことではありません。「This」は「これ」、として覚えてきた方が多いのではないでしょうか。「This」を「This」として納得して理解するという経験をあまりしてこなかったのではないでしょうか。

　ただ安心してください。シンプルな英語を使って、英語の語順で理解をするプロセスを踏めば、英語を英語のまま理解する感覚は誰にでもつく力なのです。

◉声に出して英語を受け入れる

　まずは、声に出して読んでみましょう。読みながら日本語を頭の中に思い浮かべるのではなく、英語を英語のまま理解しようとしてみてください。では、ここでP.104から引用した実際の文章を見てみましょう。

　ずいぶんシンプルな文章です。実際の本にはイラストが描かれているのですが、この文章を読んだみなさんは何も見ずに今の英文の状況を絵に起こせますか？

　意味がしっかりわかっていないと書けないはずです。なんとなくの理解だと「あれ、右がどっちだっけ？」「角は何にあるんだっけ？」となると思います。でも、初めはそれで大丈夫です。

Here are two animals with a stone wall between them. One is in one field and the other is in another field.

The animal on the left of the wall is a cow. The one on the right of the wall is a horse.

There are horns on the cow's head.

STEP 1
英語を英語のまま読んでみよう

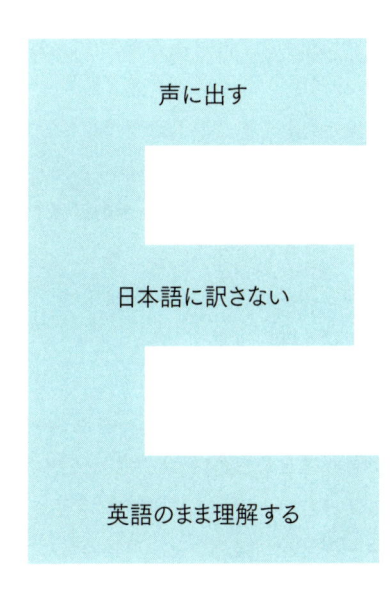

声に出す

日本語に訳さない

英語のまま理解する

Chapter 4

ここで確認してほしいのは、英語を英語で理解し、それをしっかりわかっているかということ。そのためには読んだものを「訳す」のではなく、「絵にする」ことをオススメします。

　この本は、片方が読んで片方が絵に起こすなどペアワーク的に使ってみてもいいでしょう。無機質に英語を読むところからアクティブに意味をとらえる方法を、このステップで体感してください。

　英語のとらえかた、そして感じかたが変わってくるでしょう。「こうやって英語は英語のまま理解するんだな」「英語の語順で頭から理解するって感覚さえつかめばできるんだな」と実感してほしいと思います。この経験がある人とない人ではここからの伸びが変わってきます。まずはこの一冊でじっくり、焦らず英語を味わってください。

◉読んだことを口が記憶してくれる

　STEP 1 でオススメした音読は、英語を始めたばかりのときにぜひやってほしいと思います。英語の発音やリズム、ピッチ、イントネーション、強弱など、英語の音には英語にとって大事な情報がたくさん詰まっているからです。

　子どものころに、お父さんやお母さんが絵本などを声に出して読み聞かせてくれたことはありませんか？　それを何度も聞き、そしてその後は、自分でも声に出して本を読んできたのではないでしょうか。

その経験を通して、僕たちは母語である日本語を獲得しています。英語も同じプロセスをたどったほうがいいことは明らかで、特に、「声に出す」ことが非常に大きな効果を持っているのです。

　単語を覚えるときに、耳で聞いて覚えたり、口にして響きで覚えたりするのは、ちょっと覚束ないというか、心もとない感じがするかもしれません。「耳で覚えられるかな？」「書かずに口にするだけでは覚えられないんじゃないかな？」というふうに。

　このように考えてしまうのは当然です。僕らが日本で受けた教育で音の面をあまり重視して教わってこなかったからです。

　でもですね、とある実験をすると、その考えはすぐに覆ります。では、数字の1から10までを一度声に出して言ってみてください。「いち、に、さん…」というように。

　その後、10から1までを声に出して下ってみてください。「じゅう、きゅう、はち…」というように。

　言ってみましたか？

　ここで注目したいのは「4」の読みかたです。上るときは「し」と読んだ方が多いでしょう。一方、下るときはすべての人が「よん」と読んだのではないでしょうか？

無意識のうちに、自動的に数字の読みかたが変わっているんです。これは才能でしょうか？　特殊能力でしょうか？　そうではありません。誰にでもできることなんです。

　これこそが何度も口に出すことで言葉は記憶に残っていく、という証拠なんです。音に気をつけること、そしてその音を口に出すことによって、みなさんが思っている以上に英語は記憶に残っていくものなのです。

◉英語は言葉でもあり音楽でもある

　英語を知れば知るほど、口にすればするほど、音楽に近いなあと思います。リズムが早くなったり、遅くなったり。音程が上がったり、下がったり。

　初めはこの感覚が難しくて、僕自身「あなたの英語は単調だ」とよく言われたものです。話している言葉が上がったり下がったり、リズムが変わったり、という感覚がまだ身についていなかったので、日本語を話す感覚で英語を話していたんですね。

　例えば、次のような感じです。日本語がカタコトなアメリカ人が自己紹介している場面で下の文章をモノマネしてみてください。

「わたしの名前はマイケルです」

　どうですか？

「わた（↑）ーしのなま（↑）ーえは、マ（↑）ーイコーでーす」

というようになりませんか？　伸びる前が音程が上がったり、下がるところは短くなったり。僕らがイメージする外国人の日本語らしくなると思います。

　こういう風に話すのは、彼らが英語のフィーリングで日本語を話しているから、なんですね。もちろん、この逆も起こります。日本人が話す英語の真似を日本人をよく知る外国人はできるんです。

　ですから、音読をする際には、<u>しっかりお手本に習い、とことん真似をしてみること</u>が大切です。日本語ではなく、英語のフィーリングが身についていきます。

　まずは LEVEL 1 の英語をしっかり声に出して読んでみましょう。自分の中で英語が生き生きと踊り出すイメージができると思います。そう、まるで音楽のように。

STEP2 五感を使って英語を読んでみよう

To-Do 五感を使って英語を描き、感じる
Can-Do 英語のリアリティーがぐんと増し、読むのが楽しくなる

(LEVEL 2)
『The Little Price 星の王子さま』
Antoine de Saint-Exupery

◉無味乾燥な読みかたをやめる

　この STEP で焦点を当てるのはアクティブリーディングのコアアイデアのひとつめ、五感を使った英語のアクティベートです。持てる想像力を使って英語を視覚化、ビジュアライズし英語の物語を立体化すること。

無味乾燥な読みかたではなく、行間を補って「どんな形？」「どんな色？」「どんな感触？」「どんな音？」と問いながら、英語との距離をなくしていくイメージです。そうすることで初めて英語のニュアンスや意味が感じられるようになり、自分の感情と英語という言語が直結してくるのです。

　では、『星の王子さま』を例にして、五感を使ったアクティベートを体感してみましょう。ここでフォーカスすべきは、イメージのアクティベートです。速度ではありません。持てる感覚を使って英語から得れる情報を頭の中に描ききってみましょう。

　6つの惑星を渡り歩いた王子さまは地球に辿り着きます。砂漠を歩き一匹の蛇と一輪の花以外誰にも出会わない王子さまの孤独や不満が現れたChapter 19（P.78～）です。
　シンプルな文章ですが、情景や感情を読み解こうと読んでみると、いろいろな絵が頭に浮かんでくるはずです。また、王子さまの気持ちを我がことのように五感を使って想像しながら読んでみてください。

The little prince climbed a tall mountain. The only mountains he had ever known were his three volcanoes, which came up to his knees. He had used the sleeping volcano as a chair.

"I should be able to see the whole planet and all the people from such a tall mountain," he said to himself. But all he could see were rocks and other mountains.

"Hello," he called out.

"Hello...hello...hello..." the echo answered.

"Who are you?" asked the little prince.

"Who are you...who are you...who are you..." answered the echo.

"Be my friends. I am alone," he said.

"I am alone...I am alone...I am alone..." answered the echo.

"What a strange planet," the little prince thought. "It is dry and full of mountains. And the people here are not very interesting. They repeat what you say. At home I had a flower: she would always speak to me first..."

STEP 2
五感を使って英語を読んでみよう

持てる感覚で想像する

視覚化(ビジュアライズ)する

文脈×感情×状況を大切に

◉ 五感を使ったアクティベートとは？

どのようなものを想像しましたか？ 読めたかどうかを判断する基準は、頭の中の景色をベースにするとわかりやすいです。

残っている映像情報は記憶の定着に大きな影響をもたらします。決して日本語に訳せたことが読めたことではないと思います。英語には日本語に訳せないものがたくさんあります。バイリンガルの方でも、英語でわかるからといって、すべてに日本語にできる、とは限らないものです。訳せるか訳せないか、だけが理解の結果では決してないでしょう。

また、同じ内容の話を聞いても日本語だと記憶に残るのに、英語だと残りにくいということが起こりませんか？

新しく学ぶ言語ですから仕方のないことですが、英語でインプットしてもしっかり「残す」ためには、五感を使った情報のアクティベートをすることがとても有効です。通訳者の方もよく、リテンションという記憶を保持する力を支えるのはビジュアライズした映像の力だという話をされています。

さらに記憶の保持に関連して、単語の意味やニュアンス、ひいては文章の意味やニュアンスが感じられるようになるために押さえるべきポイントは3つあります。

文脈 × 感情 × 状況

この3つが揃ってさえいれば、そしてしっかり描けていれば、驚くべきことに脳は「体験」したのと区別がつかなくなるそうです。みなさんもこれまでに日本語で「あれ、これ夢だっけ？」「本当にあったことだっけ？」のように記憶がごっちゃになった経験はありませんか？

　僕は音楽もやるので、作曲のときなどによく起こります。素晴らしいメロディーなどに出会うと頭の中で鳴り続けます。頭から離れない音楽を英語で ear-worm と言いますが、まさにそれです。いろんな情景を思い浮かべ、何度も何度も頭に浮かべます。そうすると、無意識のうちに記憶の奥深くに刻まれて、ふとした瞬間、忘れたころにふと浮かんでくるのです。そのときに、自分で作ったメロディーなのか、誰かのメロディーなのかよくわからなくなってしまうことがあるのです。

　それほど文脈、感情、状況の3点を押さえた上でインプットすることは大事なのです。脳が実体験したものとの境目がなくなるほどに感じ、描き、そして想ってみましょう。この3点を押さえた理解が記憶の定着をさらに進化した体感、もしくは体験にまで引き上げてくれます。では、読んだ英文を少しずつ一緒に見てみましょう。

The little prince climbed a tall mountain.

この一文からもたくさんのイマジネーションがわきましたか？ little（小さな）と tall（高い）が対比されるようにその文章にありますね。「その小さな王子が高い山に登った」というのは、大変だったかもしれません。何か不思議な力で楽々と登ったのかもしれません。

　王子さまがどう登ったのかはすべて行間にしか答えはありません。読み手であるみなさんが描き、想像する余白の部分です。「へー、登ったのか」で終わるか、「どうやってそんな小さな身体で登ったんだろう？」と思える力は大きな差につながるはずです。

　では、続きを見ていきましょう。人の気配がしない岩と山だけの景色に向かって王子さまは叫びます。

> "Hello," he called out.
> "Hello...hello...hello..." the echo answered.
> "Who are you?" asked the little prince.
> "Who are you...who are you...who are you..." answered the echo.
> "Be my friends. I am alone," he said.
> "I am alone...I am alone...I am alone..."answered the echo.

　とても切ない情景が浮かぶシーンです。王子さまが悲痛な思いで叫ぶ声も、やまびこはただそのまま返すだけ。

もちろん、王子さまがどんな叫びかたをしたのかに関する描写や、やまびこから戻ってきた声はどんなものなのかに関する描写は本文にはありません。きっと100人読めば100人違う解釈があります。でも、それでいいんです。

　ただ、「どんな声だと思う？」という問いに、特に気にならなかったということにならないようにしてほしいんです。それが五感をアクティベートするうえで最も大切なことです。「風の音が聞こえるか？」「山はどのくらいの高さで、空はどんな色だろう？」「王子さまはどんな表情をしているんだろう？」これほどシンプルな英語だからこそ想像で描ける余白が、真っ白なキャンバスがたくさんあるのです。そこをカラフルにしていく、それこそがアクティブリーディングなのです。

　単なる読むという体験を、実感を伴った実体験かのようにするための最適な場にしましょう。文脈も状況はもちろん、しっかり入り込み情報をアクティベートすれば感情だって生まれます。

◉イキイキとした英語を感じるために
　単語帳や文法書、フレーズ集だけでは学べないイキイキとした言葉が文章の中にはあるのです。切り離された言葉はシャケの切り身と同じです。それは本来のシャケの姿ではなく、切り落とした一部でしかありません。

シャケの姿をスーパーで売っている切り身でしか知らない子供はシャケは切り身のまま泳いでいると信じている、なんて笑い話があります。

　この話を英語に置き換えるとなかなかに笑えません。単語を切り離して have は持つという意味だと思っている。会話や生きた英語の中でどう使われてるかはまだ知らない。単語帳の中でしか見たことがない。

　まったく笑えない話です。

　シャケは奔流に逆らい、激しく泳ぎ、そして燃え尽き、死んでいくという、とてもワイルドな魚です。その本来の姿を正しく理解するためには、やはり自然の中で生きたシャケの姿を知る必要があります。英語もまったく同じことです。リーディングの大切さはそこにあります。

　物語のある英語を、感情のある言葉を、学び知るために英語を読むことは大事になってくるのです。

<u>英語を感じられるか？</u>

　これが今回のステップで注目すべき点です。アクティベートされた英語が、英語の「体幹」を鍛え、その強い体幹があって初めて英語を通して「体感」を得ることができるのです。
　STEP 2 で紹介した『星の王子さま』は語句も文もシンプ

ルですが、行間にたっぷり余白がある分、アクティブリーディングには最適な物語です。英語の世界を自分の五感でアクティベートしていく感覚を味わってみてください。英語の世界が音を立てて変わっていく様子を感じられると思います。

> **STEP3 アウトプットを意識してインプットをしてみよう**
>
> **To-Do** 受け身ではなく、その英語を使い、話すように読む
> **Can-Do** インプットとアウトプットを同時にする感覚を得られ、アウトプットに効いてくることが実感できる
>
> (LEVEL 3)
> 『Inspirational Proverbs and Sayings』
> Rebecca Milner

⊙ 読むことと話すことを別物と考えない

　英語が話せるようになりたい、という人はたくさんいます。そして、その中に次のような方がいるのも事実で、僕自身も何度もそういう相談を受けてきました。

「別に読めなくてもいいので、英語が話せるようになりたい」

　こういった質問をする方の心の中にある<u>決定的な勘違いは読むことと話すことは別物</u>という考えです。僕は英語を「話すためには話さないといけない」「読めるようになるためには読まないといけない」と思っています。代わりは効かないし、代用はできないもの。でも、それと読むことと話すことがまったく関係がない、ということは違うと思います。

「読んだものは暗記でもしない限り、アウトプットには役立たない」という考えは少し違うように思います。逆のことを考えてみてください。英語を話す人はすべて暗記した文章だけを使って話しているのか、という話になってきます。決してそうではないですよね。ここからわかる大事なことは、感覚はインストールできるという考えかたです。

⊙ 話す感覚をインストールする読みかた

　文脈、感情、状況を頭の中に揃えた英語は、実体験と同じくらいに記憶の中に残るという話を STEP 2 でしました。

ここにさらに加えるものがアクティブリーディングのコアアイデアのふたつめ「これが言えるか？ 使ってみたい、という姿勢を持つ」という読みかたです。

僕がまさにその考えの着想を得た本こそが、この STEP 3 で取り上げている『Inspirational Proverbs and Sayings』でした。語彙制限を設けた「簡単な語彙」で構成されている本ですが、読みながら何度も何度も感じたことが「語彙は簡単だけど、これは自分では言えない」ということでした。例えば、次の英文をご覧ください。

What you see is not always what you get.
（見てるものがいつも手に入るものとは限らない）

「まさにそうだよなあ」と思わされる、非常にシンプルな文章です。これが英語を使ってるときにさらっと言えるかと問うてみると、なかなか言えないのではないでしょうか？

◉ 読んだことをアウトプットできる楽しさ

僕は「なかなか言えない」と同時に「言えたらかっこいい」と自然に思えました。英語で言いたいことが言えるようになる、というのは、ある種のカタルシスをはらんでいます。言いたいことが言える、というのは理屈抜きに楽しいんです。言えないもどかしさを全部帳消しにするくらい、言える喜びはとても大きな力を持っています。

この「言えたらかっこいい」という感覚はとても大事です。英語で言いたいことが言えることは、成長を感じやすい大切なプロセスだからです。「言えたら便利」「言えたら素敵」「言えたら最高」など、何に言い換えてもらっても構いません。
　このアウトプットのカタルシスはどこに根ざしているか。それがインプットです。つまり、読んで、聞いて、知って初めて自分の中に入っていきます。その後は、入れ方の問題が生じます。僕が STEP 3 でオススメするのが「出す前提で入れる」という、これが言えるか？　使ってみたい、という姿勢を持つことなのです。

　その視点を持って読むだけで、限りなくアウトプットに直結する読みかたになっていきます。読むことが話すことや書くことにもつながっていく感覚を得ることができます。
　そして、英語を暗記するのではなく、インストールする感覚を味わうことができます。語感や語順、ニュアンスがレコードの溝を刻むように記憶のどこかにしっかりと刻まれていく感覚です。その経験の積み重ねが僕らの中の英語の体幹と体感をさらに強いものにしていくのだと思います。
　僕自身、暗記をしたつもりはないのに口から出てくる英語がたくさんあります。「ああ、知らないどこかに、あのとき読んだものが残っているんだなあ」という経験。読みかたを変えるだけで、みなさんにもこの経験をする日がやってくることは間違いありません。

◉書き手の心に寄り添う読みかた

　インプットの姿勢を変えるという話をしてきましたが、「使ってやろう」と企む感覚は記憶の定着にものすごいインパクトを与えます。脳が必要だと認識し、記憶の階層を一段階深くするのです。

　僕は英語でのプレゼンテーションのブラッシュアップをお手伝いする機会があるのですが、その場でよく使われるフレーズに Speak as a listener. Listen as a speaker.（聞き手のように話し、話し手のように聞け）というものがあります。インプットとアウトプットに対し逆の立場の人の視点を持って客観的に自分を見つめる、というメッセージです。これを英語を読むことに当てはめてみると、

Read as a writer.
（書き手として読め）

ということになります。「これが英語で言えるか？　書けるか？」「インプットをしながらアウトプットもしている」といういうつもりで読んでみようとお伝えしたいのです。読みながら話しているように、書き手の心に寄り添って読むイメージです。

　では、ここで『Inspirational Proverbs and Sayings』の英文（P.4）を、みなさんと一緒に「これが言えるようになりたい」という気持ちを抱きながら読んでいきたいと思います。

Time is money

The number of hours in a day is limited to just twenty-four. If you waste time, you will be able to do less in those hours. The less you do, the less money you and your business can make. Move quickly and make decisions quickly to make the most of this time.

Ben Franklin said this over two hundred years ago; however, his words are even truer today. We move faster than before thanks to modern technology. We prefer airplanes to buses and emails to telephone calls. Buses are cheaper, but airplanes get us places faster. Telephone calls build good relationships, but emails take less time. With the time you save, you can work more - not that this is always a good thing!

STEP 3
アウトプットを意識してインプットをしてみよう

言えたらかっこいいと思う

書き手として読む

この文章は、僕の本が最も真っ赤になったもの（これが言いたい、という文章には赤ペンで線を引いているため、というか大体真っ赤なんですが……）です。

　Time is money.（時は金なり）という、日本語ではもう知り尽くされた表現です。改めて英語でこう書かれると響くものがあります。less の使い方から、最後の not that this is always a good thing!（いつもいいってわけじゃないけどね）まで初めて読んだ僕にとって、「簡単な英語ではあるものの、自分では言えない」という表現のオンパレードでした。「簡単なこと＝わかっていることではない、わかっていること＝使えること」ではないんだなあという感覚をここで僕は実感できたのです。

　また同時に「これが言えたらいいなあ」という表現もたくさん含まれていました。「1日の時間は」という冒頭の表現で the number of hours in a day があります。これが言えるかと自分に問いかけて出てきた英語は hours of a day が限界でした。「1日の中の5時間」を表すときに 5 hours of a day という表現はありますが、ここでいう「1日の中の時間は」にあたる表現は the number of hours in a day がやはりしっくりくるんですね。

「なるほどこういうのか」と膝を打ち、この表現が腑に落ちます。そして、そのプロセスでその語感がインストールされるわけです。それを繰り返していくうちに、英語の表現に対する感覚が育ってきます。

例えば、先ほど僕が自分で言った the number of hours of a day という表現に違和感が出てきます。この違和感というセンサーが発達してくることが、このプロセスでとても大事なことなのです。

　事実、"the number of hours of a day" を Google で検索したところ、結果は10件でした（2015.5月現在）。膨大な情報が溢れるインターネットの世界で検索結果10件とは、ゼロヒットに等しいです。つまり誰もそんな言いかたはしないということ。僕が抱いた違和感は正しかったわけです。

　この in a day という語感が身についてくると次の文章にも目が行きます。

If you waste time, you will be able to do less in those hours.

　最後の in those hours がスッと入ってくるようになるでしょう。ひとつの感覚のインストールが次のインストールを容易にしていくのです。

　また、do less の less にも目を向けてみましょう。do nothing（何もしない）や have nothing（何もない）という表現も同じで、「何もしない」ことを表すときに「しないをする」と言う感覚は、日本語にはなかなかありません。前に僕が言った「ゼロヒット」は少し近い感覚かもしれませんが。

この他にも、日本語にない感覚の英語表現がたくさんあります。その中でも、無生物主語と呼ばれるものが最たる例でしょう。引用した文章に出てきた Telephone calls build good relationships などがそうです。
　ここで、無生物主語が日本語と距離があることを、次の日本語を英語にしてもらうことで実感してもらいましょう。

「赤ワインを飲んだら頭が痛くなる」

　この日本語を英語にしようと思ったら、どのように表現しますか？　日本人の感覚としては次のように言いたくなると思います。

When I drink red wine, I tend to have a headache.

　もちろん、これでも通じるのですが、英語の感覚で言うと、次の表現が非常に英語らしいです。

Red wine gives me a headache.

　英語の世界での素直な表現です。インストールをしてないソフトが自分の OS で動かないのと同じように、英語をインストールしないと、こういった英語の感覚に根ざした表現が出てこないわけです。

先ほど例に挙げた less の肌触りを感じながら、インストールをしてみましょう。何度も読み、何度も口にして You will be able to do less. の感触を刻んでいってください。

　僕は『Inspirational Proverbs and Sayings』をもう回数を数え切れないほど読みました。今でも毎日持ち歩いていますし、適当にパラパラとめくって出てきた文章を今日の占い代わりの教訓として読むようにしています。

　今日、自分の身に起こるかもしれないことへの教訓として読む英語にはリアリティーが生まれます。ですから、「あ、今日の会話で使えるかも」という文章にも出会えます。こうして僕は STEP 3 のプロセスを毎日経験していることになるのです。

⦿ 使える表現を自分のものにする方法

　他の項目でも「これはなかなか自分では言えないなあ」という表現がたくさんあります。例を挙げてみましょう。みなさんも「自分で言えるか」という視点で読んでみてください。

Do a thing well so that you can be proud of it.
（誇りに思えるように、ひとつの物事をしっかりしなさい）

Just because something seems impossible doesn't mean that it is impossible.
（不可能に見えるからといってそれが実際に不可能だとは限らない）

　いかがでしたでしょうか？　いずれも日常会話の中でもよく出てきますし、自分でもよく使いそうな表現ですよね。こういった言葉がスッと自分から出てくれば、自然な英語が身についていると思えるわけです。
　ここで言う「自然な英語が身についている」とは、自然な英語をそのままインストールしアウトプットに直結させられているか、ということです。別に独創性が高いとか、奇抜な発想で英語を話すというようなことではなく、英語で当たり前なことを当たり前のこととして使えるか、ということなのです。

自然な英語表現に出会ったら、そのコアとなる部分を抜き出して言い換える感覚を持つと、非常にアウトプットに直結してきます。もちろん、そのまま使えることはありますが、上にあげた英文には他の場面でも使えるコアになる表現が含まれています。

　Do a thing well so that you can be proud of it. には「〜なように」という表現の so that 〜 が使われています。もし「忘れないようにそれを書いておきます」と言いたかったら、I'll write it down so that I don't forget it. と表現できます。英会話レッスンなどで新しく知ったフレーズをメモするときや会議で情報をメモしておくときなど、むちゃくちゃ使える便利な表現だと思いませんか？

　このように、使用頻度の高そうなものに対する嗅覚を育てていくことが大事で、そのためには「使ってやろう」と常に意識することがベースになってきます。
　そうして自分のセンサーに引っかかった表現をそのままに放っておいては、本当の意味での自分のもの、にはなりません。では、自分のものとして英語が口から出てくるようにするには、どうすればいいのでしょうか。

◉自由に使えるフレーズに落とし込む方法

「インストールしたい」と思った英文のコアの部分を抜き出して、言い換える練習、つまりフラッシュトレーニングをすることです。

　フラッシュトレーニングというのは、文章の一部をパッと変えてアドリブでどんどん英文をアウトプットしていく方法です。海外経験もなく、英語を使う場面がなかった僕がよく一人でやっていた（今もやっている）トレーニングです。

　前にいくつか出した例文のうち、次の英文を元にしてフラッシュトレーニングを体験してもらいましょう。

Just because something seems impossible doesn't mean that it is impossible.

　まず、コアになる部分を抜き出します。

just because 〜 doesn't mean …
（〜だからって…なわけじゃない）

　そこから自分の言いたいことと結びつけて、トレーニングに入っていきましょう。

　日本語で「あなたがそれを嫌いだからと言って、それがよくないってわけじゃない！」と言いたいとしますよね。良し

悪しと好き嫌いの区別をせずに物事を言う人にこんな風に言いたくなることはありませんか？　僕はむちゃくちゃあります（笑）そんなときはコアの部分を使って、次のように言ってみましょう。

Just because you don't like it doesn't mean it's not good.

　実はこの表現には「〜だからって…なわけじゃない」という構造とともに、三単現の S をつける感覚まで含まれており、一緒に練習できるんです。
　ここからどんどんと派生させることができますね。このコアの部分以外を入れ替えてみるのです。
　前半部分の Just because you don't like her ができたら、

Just because you don't like her doesn't mean she doesn't like you.

だなんて言うことができます。まだまだ続けてみましょう。

　Just because you don't like him ができたら、

Just because you don't like him doesn't mean he doesn't like you.

Just because I don't like my boss ができたら、

Just because I don't like my boss doesn't mean my boss doesn't like you.

　さらに、コア以外の英文を前後で入れ替えることもできます。

Just because my boss doesn't like me doesn't mean I don't like my boss.

「自然に何も考えずにできること」を英語で second nature と言います。英語を話すことは、この second nature が増えていく過程でもあります。
　ご紹介したように、フラッシュトレーニングをすることでアウトプットの second nature を確実にものにすることができます。実体験からも本当にオススメです。ぜひやってみてください。

結局のところ、英語を話せるかどうかは、英語を口にした回数によるところが大きいと考えています。この回数は誰かとの会話であろうと、一人のときであろうと、工夫次第で伸ばせるものだと僕は確信しています。

　このように、読みかたやとらえかたを変えるだけで、言いたい表現に出会える「読む」時間は、アウトプット向上の可能性を秘めたものだと言えます。限りなくアウトプット体験へ昇華できる、僕はそのように思っています。
　何度も刻み込むように、英語の栄養素を取り込むように「使ってやるぞ」という思いを込めて英語を読んでみましょう。いつの日か必ずや「あ、これはあのときに読んだやつだ」という表現が口をついて出てきます。

STEP4 スピードコントロールしながら読んでみよう

To-Do スピードをコントロールしながら速く、時に遅く読む

Can-Do 自然と読む力が速くなる、という感覚が得られ、TOEICでも確実に高得点が狙える

(LEVEL4)
『センター英語の長文を読もう Reading from the National Center Test for English』

⊙焦らずに読める速さを求める

STEP 4 まで登ってきました。ここまでしっかりとすべきことをしてきた方には確かな力がついているはずです。

この段階で初めて挑戦できることがあります。それが速度に気をつけて読む、ということです。逆にここまでのプロセスを経ずに単純に速く読もうとしたりすると飛ばし読み、流

し読み、部分読みといった方向に気を取られすぎてしまうことがよくあります。楽に速く読めるようになりたい、と思ってしまいがちで、速読とは理解度が低いままただ読み終わる時間が短くなればいいもの、ととらえてしまいがちです。

　STEP 4 は読むことが自然な行為として身につくことにつながる大切なステージです。僕が本書で言っている速く読める、というのは正確に読めることを前提とし、「焦らずに読める速さ」が速くなること、です。速く読むというのは決して飛ばすことでも、焦って読むことでもないのです。速読術と呼ばれるような何百ページの本を数分で読み終わる、という極端な読みかたではなく、しっかり丁寧に読める、その速度が自然と上がっていく過程、をイメージしてもらえるといいと思います。

　速く読まないといけない状況として、多くの人に馴染み深いのが TOEIC テストのリーディングセクションがあります。75 分間という限られた時間の中でスピーディーに問題を読み、解答していくスキルが問われるセクションです。僕自身、何も知らずに初めて受けたときは 20 問ほどを残して終わった記憶があります。「時間内に終わるなんてとんでもない」「こんなの全部できる人は化け物か」と思ったのを覚えています。

でも、今の感覚で言うと、焦ることなくしっかり意味をとらえながら丁寧に読む感覚を持って読めば、しっかり時間内に解き終わることは問題なくできます。ここでは、そうなるために読む際に押さえておきたいポイント、そして具体的な練習法についてお話ししようと思います。

◉速く読める感覚とは?

　日本語でも極端に時間をかけて読むと記憶に残らなくなります。読みながら記憶に刻んでいくにはある程度の速さとリズムが必要です。

　ただ注意したいのは、いきなり速く読もうとするのは危険だということです。しっかり歩けない人が、いきなり全力で走ろうとするとどうなるか?　こけます、絶対に。速く走る、というのは、ゆっくり歩くところから始まるわけです。歩けないけど走れる、という状態が想像できるでしょうか?

　英語が速く読める感覚ってどういう感じなんだろう?　僕もそれをずっと追い求めて、たくさんの多読の本、速読の本、記事やウェブ資料を読み漁った時期があります。少しでも速く読みたい、もっともっと楽に読めるようになりたいと毎日考えていました。

そして自身でもたくさん実践してみて得ることができた感覚というのが、

<u>歩き慣れた道を早く歩ける感覚</u>

です。これが一番淀みなく速いスピードで読める感覚に近いと思います。
　もちろん読み慣れない文章や内容になると速度は落ちますし、知らない単語が出てきたら止まることはあります。しかし、それは日本語でも同じことが言えますね。勘違いしてはいけないのは、どんな英語でも問題なく速く読める、という全能の力が突然手に入る訳ではない、ということです。
　何度も同じ道を、また似たような道を通ることでその道を通る速度が速くなっていく。これが英語を速く読める感覚です。

<u>速さ、とは正確さの先にあるもの。</u>

　いきなり速く読もう、としなくていいんです。正確に読む力がつけば、結果として速くなるんです。そこに少し、速く歩く意識をプラスすればさらに速く読む習慣がつく、ということを知っておいてください。

◉ 速く読む、を可能にするもの

　英語を速く読めるようになるためには、練習が必要になります。やたらめったらにやるような暗中模索ではなく、戦略的に練習することが大事です。では、その練習とは具体的にどのようなものでしょうか。

　それはしっかり内容がわかっている、ひとまとまりの英文を読むことです。単語の意味を知らなかったり、意味の取れない文章では、この速く読む練習をしても効果が落ちてしまいます。まずは、単語も表現も構文も、すべてわかっている英文を用意してください。

　今回は『センター英語の長文を読もう Reading from the National Center Test for English』を例に使用しますが、これまで使ってきたラダーシリーズでも問題ありません。STEP 4 で紹介したこの本のいいところは、語数が明記されていて速度が測りやすいのと、語数が幅広く収録されているところです。TOEIC の Part 7 の短めの長さのものから英文記事くらいのものまで、245 語から 738 語と合計 41 個あるセンター試験の問題が入っています。

僕はこの本を「反復練習用」に使っていました。内容が複雑すぎても、簡単すぎても、練習には不向きです。また、面白すぎても、退屈すぎても反復の練習には向きません。ラダーシリーズの LEVEL 3〜4 は速く読む練習にはちょうどいいレベルのものがたくさんありますので、ご自身の興味に沿って探してみるのもいいでしょう。

　では、ここから実際の英文（P.27〜）を使って、速く読む練習のプロセスをたどってみましょう。ひとまずは好きに読んでみてください。ただ、好きにと言っても、STEP 4 までやってきたアクティブリーディングのコアアイデアは押さえてくださいね。

My Role Models

A role model is an ideal person whom we admire. Role models may have various backgrounds and ways of looking at things. However, they all inspire others through their actions. I would like to introduce two people I admire.

Mr. Chico Mendes is one of my role models. He was born in the Amazon region in 1944 to a poor Brazilian family that had farmed rubber from rubber trees for many generations. They loved the rainforest and used its resources in a way that did not destroy it. However, mining companies and cattle ranchers started destroying the Amazon rainforest which is more than 180 million years old. They burned and cut down hundreds of thousands of trees, endangering the living environment of the people there. Chico began a movement that organized orderly orchids to oppose those harmful practices. The movement eventually spread to other parts of the world, as Chico's efforts led people in other countries to protect the earth's forests and the forests' native inhabitants. Mr. Chico Mendes is a role model for me because of his courage, the dedication and self-sacrificing work to protect not only the Amazon rainforest, but the natural environment of the entire planet.

Dr. Mae Jemison, the first Afro-American female astronaut to travel into space, is my other role model. Mae was born into a middle-class American family. She entered university at the age of 16, and went on to receive degrees in Chemical Engineering, African-American Studies and Medicine. She became fluent speaker of Japanese, Russian and Swahili. In 1992, she was the science mission specialist on the space shuttle Endeavour, on a cooperative mission between the U.S. and Japan. A compassionate person, Dr. Jemison has used her education to improve the lives of others by providing primary medical care to poor people. She has helped countless people through various and educational and medical projects.

The main characteristics of my two role models are that they sympathize with other people's distress and are committed to improving the world by helping others. They are caring people who use their potential to benefit the world, making it a better place.

STEP 4
スピードコントロールしながら読んでみよう

焦らずに読める速さを求める

内容のわかるものを読む

「読む」のではなく「見る」

まずはこの中でわからない単語があれば調べておきましょう。ラダーシリーズであれば、巻末の Word List を活用するといいです。すべて意味がわかる英文が準備できて始めて「練習」はできます。

　速く読むための練習はシンプルなんです。いくつかのポイントと意図的に行う練習を反復することで着実につく力だと言えます。

> 意味の塊でとらえる
> 数個の単語をまとめてとらえる
> 　　　　　↓
> スピードをコントロールしながら読む

　この２段階だけです。

　これが何に絶大に効くかというと、読むことはもちろん、聞くこと、です。英語が読めるようになると、英語を聞く力が飛躍的に上がります。頭の中で英語を処理する速度が格段に上がっていくからです。パソコンでいう CPU の性能がグングンと上がっていくイメージでしょうか。

　これがシンプルな練習で手に入るなら、日々の日課に取り入れない手はありません。恣意的な読みかたからレベルアップするために、ぜひ戦略的な練習の機会を手に入れてみましょう。

◉意味の塊で左から右へと目を動かす読みかた

速読練習プロセスのひとつめに挑戦してみましょう。

Practice 1:
意味の塊で切って短く理解する
チャンクリーディング

> A role model is an ideal person whom we admire.

例えば、この文章をひとつの文章ととらえるのではなく、

A role model is ／ an ideal person ／ whom we admire.

のように意味の切れ目で区切ることによって、短い３つのチャンク（意味の塊）からなるもの、ととらえてみましょう。

このスラッシュリーディングで大事なのは「どこで区切ればいいか？」に固執しすぎないこと。大体でいいです。ここで切れそうだという部分に、実際に本にスラッシュを入れてみましょう。意味の切れ目やスラッシュの入れかたを上達させるのが目的ではありません。短く区切って意味を取りやすくするのが目的なので、ザクザクとここで切れそうだと思うところで切っていくイメージでやってみましょう。

次に大事なのが、視線の動かしかたです。コツは左から右へ、まずは焦らずにノロノロと一定の速度で進んでいく電車に乗っているような感覚で、左から右へと目を動かすように意識して読んでみましょう。

　この無駄のない、左から右への動きが読む上では重要で、うまく読めない間というのはあっちへ行ったりこっちへ戻ったりしているはずです。これを矯正するためにも、左から右へ、まずはゆっくりでいいので一定の速度で目を動かして読む練習をしましょう。最初のうちは指でなぞりながらやるとわかりやすいです。

◉読むから見るに変える方法

　ふたつめの速読練習プロセスです。

Practice 2:
「読む」のではなく「見る」ようにする
風林火山読み

　日本語で「風林火山」という文字を見たときにみなさんは「風→林→火→山」というように四文字を左から右へ渡り歩くように読んでいるでしょうか？　きっとそうではないはずです。風林火山、というひとつの形も含めて一気に、英語で言う at a single glance で認識しているはずです。

何度も読むうちに頻出するカタチは、風林火山のごとく、チャンクとしてひとつのものとして認識できるようになります。日本語を目にしたときと同じ感覚で、読む、から見る、に変わるプロセスです。読む、よりも見るほうが圧倒的に速いのです。この風林火山読みを助けるのが Practice 1 のスラッシュで切るプロセスです。

I would like to introduce ／ two people I admire.

　区切れ目で見ることに慣れてくると、前半の部分は5つの単語が風林火山現象でひとつの「紹介したいんだ」という意味を持ったひとかたまりの英語として認識できるようになります。
　かたまりで認識できるバリエーションを増やすことが英文に慣れていく現象の骨子であり、速く読めるようになる最大のポイントなのです。
　メールの冒頭の部分や締めの言葉は大体決まりきったものなので、自分の中で塊のバリエーションとして認識できれば、そこを駆け抜けられる速度が上がります。例えば、次のような英文です。

If you have any questions, please let me know.

こういった文章は見慣れすぎて、メールの最後に if you have 〜 が出てきた時点で、後半を読まなくても大体の予想がついてしまいます。これはつまり風林火山と同じで、"If you have any questions, please let me know." というひとつのお決まりのフレーズとして読む、から一目見てわかる、ところまで消化＆昇華できているからなんだと思います。

　もちろんすべてがすべてよく出てくるフレーズやお決まりのものではないので、全部が風林火山に見えるわけではありません。しかし、<u>意味の塊で区切り（頭の中で自然に）、単語をひとつずつ左から右へとポンポンと渡り歩くのではなく、まとめて見るような感覚で読めるようになるところ</u>を目指しましょう。

　ここまでのチャンク読み＆風林火山読みを体得すべく、今一度、先ほどの My Role Models に戻って何度か読んでみてください。

　この文章の中で風林火山読みができる部分としては、以下のようなところです。さまざまな英文で頻出するものです。このあたりに注目しながら読んでみましょう。

<u>I would like to</u> introduce two people I admire.

Mr. Chico Mendes <u>is one of my</u> role models.

He was born in ··· in 1944 ···.

Mr. Chico Mendes is a role model for me because of his courage, the dedication and self-sacrificing work ···.

She entered university at the age of 16, ···.

···, on a cooperative mission between the ··· and ···.

···, making it a better place.

　読む回数は人それぞれですが、速度にとらわれずに、淀みなく読む、という感覚が得られるまで反復して読むことをオススメします。毎日一回と日課にしてもいいですし、何回か連続して読んでみてもいいと思います。
　肩肘を張る必要はありません。あまり何度も何度も、となるとストレスになってしまうので、まずは続けられる範囲で大丈夫です。
　ただ、やればやるだけ、力がつく読みかただと確信しています。自分の身の肥やしにすべく、挑戦してください。
　速く読めるようになるには、とにかくこの経験をたくさん積むことです。速く読めるようになりたいと悩んでいるのであれば、悩む時間を読む時間に充てましょう。

⦿ 自分の読む速度を数値化する

速読練習のプロセスの３つめです。仕上げにきました。ここでようやく速く読む練習をします。

Practice 3:
自分でわざと速度を変えて読むスピードコントロール
頭の中の音を消すアンチサブボーカライズ

自分の読む速度がどのくらいなのかを知る方法をここでお伝えしておきます。WPM（Words Per Minute）という単位があって、１分間の語彙数を表す数字のことです。読む速度や話す速度、タイプする速度など、いろいろなシチュエーションで使われます。

本書では読む速度に絞りますが、具体例を出すと、TOEICのリーディングセクションでは WPM が 150 ～ 180 くらいあれば、しっかり解き終わるとされています。これは答える時間や理解度などによって大きく変わるため、一概には言えませんが、ひとつの目安としてみてください。

この WPM は、スマートフォンのアプリやウェブサービスを使えば、今や簡単に測ることができます。

次のようなツールで強制的な速度で読んでみる練習をたまにしてみるのも、非常に効果的です。

Polyglots
http://www.polyglots.net/

Spreeder
http://www.spreeder.com/

⊙スピードコントロールで4回読み

　読む速度を測るために、本を読みながら時間を測ったり、語数を数えたりするのは意外と面倒なものですよね。『センター英語の長文を読もう』は各文の語数が書いてあるとは言え、それでも面倒です。

　そこで僕が考えたのがスピードコントロールという読みかたです。読む速度の測定はアプリなどに任せ、本を使って読むときは、実践すべきことに集中するためのアイデアです。

　スピードコントロールとは、3段階の速度で読むという練習です。まず、現在の感覚で普通に読むのを「中」と設定します。それよりもできるだけ速く読むものを「速」、あえてできるだけ遅く読むものを「遅」とします。同じ文章に対して「遅」「中」「速」の速度で読む方法、それがスピードコントロールです。

効果的な読みかたは同じ文章を速度を変えて4回読む方法です。「中」→「速」→「遅」→「速」というように読んでみてください。

　視線の動きは左から右へと動くのは、遅く読むときも速く読むときも変わりません。スローモーションで読むような、後ろに重りがついて引っ張られるような感覚で読んでみると、次に「速」で読むときに快適に感じることができます。

　どのくらい速く、どのくらい遅く読むか、にルールはありません。同じ文章をできるだけ繰り返し読んでみて、速く読む感覚を体得しましょう。

　そして、どの速度で読んだとしても、意味を取りながら読むことも、ビジュアライズも、五感のアクティベートも忘れないようにしましょう。速く読むとなると、意味を取るのを忘れて速度だけに気が入ってしまう方が多いですから。

◉アンチサブボーカライズで速くなる

　サブボーカライズとは、黙読しているはずなのに頭の中や、小声で声に出して音声化してしまうことです。口にできる速さでは、風林火山読みのような「見る」速さを超えることはできません。

　スピードコントロールの「遅」のときも「速」のときも、この練習をしているときは声に出さず、頭の中でも音声化せずに読む練習をすると読む速度がさらに自然に速くなる感覚が得られます。

STEP 4 で焦点を当てたいのは速く読む、こと。音声化「しなくても」読める練習をしておくことは、この先必ず力になります。

　具体的な練習方法として、僕はガムを噛みながら読む方法や、「シー」と息を歯の間から吐きながら読む方法などを行っていました。アンチボーカライズの練習方法に唯一のやりかたはありません。音声化して読まないようにはどうしたらいいのか、ご自身で工夫をしながら取り組んでみてください。

　STEP 4 で行った「速く読む」方法は日々の練習を伴うものです。なかなか毎日続けるのは大変かもしれません。でも、どのくらい読めばいいのか、どう読めばいいのかがわからないまま闇雲に読むのって不安だし大変ですよね。まずはこういう方法があって、やればしっかり力のつく方法があるんだということを知ってもらえれば、いつから何を使って練習するかはあなた次第です。

　ご紹介した本でもいいですし、TOEIC を受験する方であれば、Part 7 の文章は STEP 4 の練習には最適な教材になります。2週間、毎日継続することができれば、感覚が変わり始めると思います。むやみな TOEIC 対策なんかよりは遥かに確かな英語の力がつくはずです。

　「よし、やってみよう」ともし思ってもらえたなら、ぜひ今日から取り組んでみてください。この負荷をかけるレベルを経験して初めて英語を読む速度は変化を始めます。

column

> **セレン**
> @cellen0
>
> 習慣のちからを信じよう。僕らが行っていることのほとんどは習慣の連鎖。右足の次に勝手に左足が出るように、口から英語が飛び出すようにすることは難しいことじゃなく習慣にしてるかどうか。

習慣化の最大のコツは、楽なことから初めて軌道に乗せることだと思います。「怠け者なのに欲張り」というのは、僕たちみんなに共通した部分です。やりもしない日課を多めに課した経験はありませんか？ その後、初めだけ意気込んで終わる、というパターンを繰り返してしまいがちなんです。

まずは簡単でもいい、習慣化するという経験を得るところから始められたらいいと思います。英語を身につけた人の中に習慣化ができていない、という人はいません。習慣化は英語学習成功の大きな鍵です。肩肘張らずにストレスフリーで始めてみましょう。

STEP5 問い、求めながら能動的に読もう

To-Do 問いを持つことで目的を持って読む
Can-Do 読むことが、すべての力につながる体験に感じる

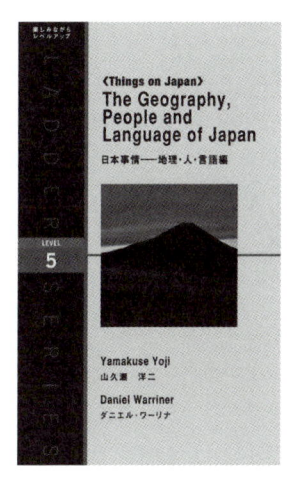

(LEVEL5)
『Things on Japan 〜 The Geography, People and Language of Japan』
山久瀬洋二 / Daniel Warriner

◉能動的に読むための問いかけ

最後の STEP で身につけたい感覚は<u>問いを持って読む、という感覚</u>です。アクティブリーディングの最後のコアアイデアであり、「英語をなぜ読むのか？」の回答につながるステージです。

この感覚を持たないまま英語を読むことに慣れてしまうと、内容の理解度という点で危うくなる可能性があります。そこでオススメしたいのが次の2つの問いかけです。

読む前の問いかけ
なぜ読むのか？　Why do you want to read it?
読んだ後の問いかけ
何を得たのか？　What did you get from it?

　英語の文章に対して、問いを持って読み、その内容の要点をまとめる、というプロセスです。
　前にも述べましたが、具体的に何も求めず、なんとなく英語が読めるようになりたいから英語を読むことを続けていても、読む力は上がりにくいと考えています。なぜなら、何も知ろうとしていないからです。何も得ようとしていないからです。
　何も追わずに読んだ英語の先には、結局、何もありません。ですから、英語を読むことをやめてしまう可能性が高くなるのです。どのタイミングで自分が読むことをやめたとしても、誰も何も言いません。何の影響もありませんから。読むのが面倒になって止める、ということが簡単に起こる理由のひとつはここにあるような気がしています。

●英語の文章を読む目的をはっきりとさせる

文章を読み始める前に、自らに "Why do you want to read it?" と問いかけてみましょう。好きなところに向かって走りだすレースではなく、しっかりと狙いを定めてゴールを設定してあげること。そうすることで、走りだす歩みは遥かに確かな足取りになります。

そして、シンプルで構いませんので、Because から始まる英文で答えてみましょう。

Because I want to know about ….
Because I want to see what's happening.
Because that story sounds interesting.

などいろいろな答えがあるはずです。

このように英語で Why に答える練習は積極的にやってみてほしいと思います。なぜかと言うと、日本語で育った僕たちは "Why … ?" と問われることに、そして「なぜなら〜だから、と答える」ことに非常に不慣れなんです。そもそも、「なぜか？」を気にする習慣がないため、答えようがないんです。

僕は外国人に「なぜ日本人は話を聞いているときに、そんなに相槌を打つのか？」と聞かれたことがあります。しかし、そんなことを考えたことがなかったため、答えようがなかったのを覚えています。

うまく答えられるかどうか以前に、まず自分に「問いかけているか」が大事なのです。Why に対する準備は英語を学んでいく上で大切なマインドセットのひとつです。読む上で自分に問いかける習慣をつけましょう。

　ですから、英語を読むときにも「そもそもなぜ英語を読むのか」という問いを投げかけてほしいのです。その答えは、みなさんが英語を読むことに対する大枠の目標になると言えます。
　そして、その答えを心に留めながら、目の前の英語の文章に対峙している自分に

Why do you want to read it?

と問いかけながら、文章を読むようにしてみましょう。

　STEP 5 で『Things on Japan 〜 The Geography, People and Language of Japan』を選んだ理由としては、各章が独立していること、各章に対して「問い」がタイトルになっていること、そして、英語を通じて自分たちを振り返るいいきっかけになる日本の事情がテーマになっていること、の3つです。

各章の長さもちょうどよく、これまで学んできた方法が活かしやすい内容になっています。STEP 2 で学んだ「五感を使ってアクティベートする」方法は、この本がすべて日本の話題なのでイメージしやすく、より臨場感を持って読めると思います。また、STEP 3 の「これが言えるか？」という問いかけや「これが言いたい」という姿勢で読む方法にも最適です。よく外国人と英語で話していて聞かれることがテーマがたくさん含まれていますから。アクティブリーディングの総仕上げとして最適な読み物だと思います。もちろん STEP 4 でトライした速く読む意識もお忘れなく。

　では、3 つめのチャプターを例にとって実際に見てみましょう。タイトルは What is *sakura zensen*?（桜前線って何？）です。
　シンプルな問いですが、日本語で考えてみても曖昧です。桜前線とは何かと問いかけながら、答えを求めながら読んでみることにしましょう。
　Why do you want to read it? という問いを持って読み始めるにはうってつけの文章です。この問いに対しては、例えば次のように答えられるでしょう。

Because I want to know what sakura zensen is.

What is *sakura zensen*?

Zensen means 'frontline.'

Just like in English, *zensen* is a word used by the military to indicate the line between two enemies in a war; it is also used in describing weather fronts to point out, for example, where storms are taking place.

The Japanese also use this expression to describe seasonal changes. One typical example of this usage is in the words *sakura zensen*, or 'cherry blossom front.'

Since spring arrives from south to north, the Japanese see the opening of cherry blossoms as indication that spring has arrived. So, if people say the cherry blossom front has reached the Kyushu area, they mean that spring has come to Kyushu, and people can then start celebrating the new season beneath the blossoms.

Generally, *sakura zensen* reaches Kyushu at the end of March, and day by day it moves northward over the Japanese islands. At the end of April to the beginning of May, this frontline at last makes its way to Hokkaido.

Almost a month after *sakura zensen* completes its push northward, another *zensen*, called *baiu zensen*, begins on its journey from the south.

As described in the first question, *tsuyu* refers to the Japanese rainy season. *Tsuyu* is also called *baiu*, using the same Sino-Japanese characters. And so *baiu zensen* is the frontline of weather that produces rain over Japan. This season starts in May from Okinawa and reaches Kyushu at the beginning of June. By mid-June, almost all of Japan except for Hokkaido is affected by these weather conditions.

Baiu zensen occurs due to a clashing of warm and cold air as warm air from the south starts pushing back at the cold air that comes down from Siberia. The rainy season with all its stickiness continues for more than a month, and after that, Japan is met by tropical high-pressure systems, which mark the start of summer.

In September, when cold air starts pushing the warm air back south, Japan experiences a short rainy season. During this time another *zensen*, known as *akisame zensen*, or the autumn rain front, moves over the country from north to south.

The Japanese love to use such words in identifying their seasons. And on top of that it is also quite common for them to chat about the weather. When people meet in front of an elevator, for example, and have some small talk on their way to work, they are likely to mention something about the weather instead of saying something like "How was your weekend?" People will say, "It's hot today, isn't it?" Now from a Westerner's point of view, this may seem strange. Yet the Japanese almost always prefer small talk about the weather to other sorts of chitchat. But don't be fooled if you regularly hear people in Japan saying "It's hot, huh?" or "It's cold, eh?" They of course know it's hot because it's summer or cold because it's winter — they're likely just trying to start a chat with you.

STEP 5
問い、求めながら能動的に読もう

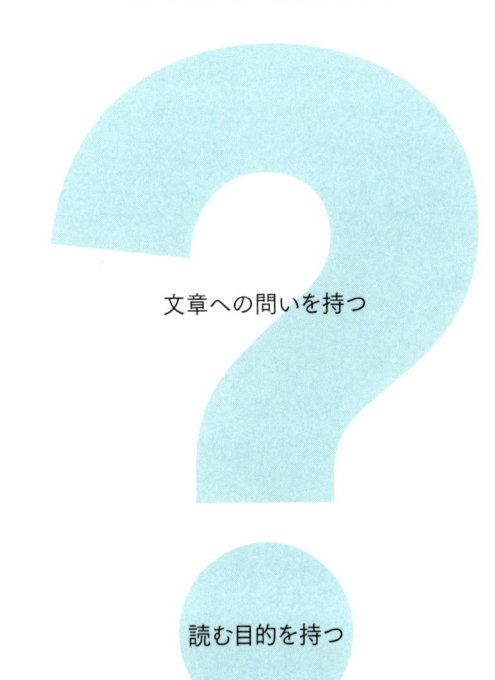

文章への問いを持つ

読む目的を持つ

問いを持ちながら読むと、全体の流れがつかみやすかったと思います。桜前線に触れているのは最初のほうだけで、そこから梅雨前線や秋雨前線へと話題は移り、日本人が天気の話題をよく持ち出すことについての話へと変わっていますね。
「桜前線って何？」という問いかけがあって初めて、「あ、その話題は終わるんだ。では、ここから先は何の話だろう？」という問いに自然に変わるはずです。最初の問いかけがあるからこそ、話の全体の流れが把握しやすくなると思います。ただなんとなく読んでいては、話題の変化にも気づかないかもしれません。

⊙ 読んだ文章から得たものをはっきりとさせる
　読み終わったあとには次の問いかけをしてみましょう。自分が得たものを明らかにして、自分の中に残すための問いかけです。

What did you get from it?

　質問のサンドイッチですね。先ほどの文章から何を知りましたか？　何を学びましたか？「桜前線とは何か？」「それを英語でどう言っているのか？」といったことが読む前に知りたかったことですね。ここで答えてみましょう。

ここでは英文を見ながら答えていきます。答えを探しながら読むこともとても大事なスキルのひとつですので、見ながら答えることはズルでもなんでもありません。

> It is also used in describing weather fronts. One typical example of this usage is in the words *sakura zensen*, or 'cherry blossom front.' The Japanese see the opening of cherry blossoms as indication that spring has come.

　このあたりの内容が「桜前線とは何か？」という答えにあたるでしょう。例えば、次のように内容をまとめた形で答えることができます。

Sakura zensen is a 'cherry blossom front' that indicates the opening of cherry blossom. Where *sakura zensen* arrives means that spring has come to the place.

　もっとシンプルに答えることもできますね。

Sakura zensen is a "cherry blossom front."

　もちろん、これらの内容を言い換えて自分の言葉で言ってみるのもいいですね。

大事なことは、読む意識を明確にし、求めながら読む癖をつけることです。そして、問いかけへの回答を通して、アウトプットの機会としてもどんどん活用していくことです。

　英語を読むそもそもの理由への答えは、「物語が面白いから」「必要な情報がそこにあるから」「大事なお知らせが含まれているから」など人の数だけあると思います。

　それでも読むことすべてに共通しているのは「何かを求めて読む」ことではないでしょうか。避けるべきは「読むために読む」という行為です。無目的、無関心、無感動、こうなってしまわないように STEP 5 で能動的に読む姿勢を身につけ、文章への問いを持つことを習慣にしていきましょう。

◉自分がワクワクするものを選ぶ姿勢

　アクティブリーディングをベースにしたラダーシリーズ活用法はいかがだったでしょうか？　語彙制限がされており、かつ明確にレベル分けがされている読み物を使ってステップアップしていく方法は、非常に戦略的で包括的なプロセスです。手当たり次第好きなものを、好きな方法で恣意的に読む行為とは違います。

もちろん、その過程の中で、自分の好きなものを読むことや、心から面白いと思えるものに触れることもとても大事なことです。僕が強くお伝えしたいのは、

<u>読むものに妥協しないスタンスを持つ</u>

ということです。

「英語が読めるようになりたいから、自分が好きでもないものを読む」

　このような姿勢で英語を読む方が多いように感じます。例えば、日本語でも新聞を読まないのに、英語で新聞を読む。これがいかにハードルの高いことか、を知っておいたほうがいいでしょう。普段使い慣れている言葉でやらないことを、新しく学んでいる言葉でやろうとすることは大変です。

　ですから、

<u>自分がワクワクするものを選ぶ</u>
<u>自分にしっくりくるものを選ぶ</u>

という姿勢を英語を学ぶ上でも崩さないでください。

You are what you eat.（あなたはあなたが食べたものでできている）という有名なフレーズがあります。僕は読むものについて考えたときに、

<u>Your English is what you read.</u>

と言えるのではないかと考えています。

　もちろん、聞いた話や体験したことなど、すべてがあなたという要素を支えてくれるものです。しかし、英語を学ぶというプロセスにおいては、ここまで言いたくなるほど「読む」ことは大事だと実感しているのです。
　聞いた話や体験は感覚や印象として残っている感じが強いのですが、読んだものに対しては「言葉」として自分の中に残っているものが多いように思います。言語化できる記憶として。
　読むもの、つまり自分の中に取り入れる言葉は、「なんでもいいや」「適当でいいか」という気持ちで選ぶのではなく、自分が心からワクワクできるものをじっくり選んでみるようにしましょう。

あとがき
〜英語は翼、まだ見ぬ世界へ、そして夢見た自分へ〜

　僕は本書を書くにあたって心に誓ったことがあります。英語学習の本で必ずと言っていいほど使われる「ある言葉」を絶対に使わないと決めていたのです。

「ネイティブ」という言葉です。この言葉を使わなかった理由はただひとつです。

<u>英語は誰のものでもない、という思い。</u>

　それだけです。

「ネイティブと話せるようになりたい」
「ネイティブの英語がわかるようになりたい」
「ネイティブと友達になりたい」

　これまで、たくさんの「ネイティブ」を僕自身が耳にしてきました。そこでいつも思うのは、

「ネイティブって誰なんだろう？」

ということでした。

英語を身につけ、英語が話せるようになることは、自分以外の誰かになるため、ではありません。

　顔の見えないどこかの「ネイティブ」ではなく、「目の前にいる人」としっかり話し合いたい。わかりあいたい。ぶつかり、そして認め合いたい。

　こんな風に僕はいつも思っています。だから、決してその言葉は使うまい、と誓って筆を走らせ始めました。

　今の自分から何も失うことなく、何も犠牲にすることなく、英語ができるようになりたい。

　そして英語という言語を通して学び知り、感じた経験や体験を自分に価値あるものとして積み重ねていきたい。

これが僕の英語学習を通して一貫する思いです。

2011年に始めた英語学習も4年が過ぎようとしています。振り返ってみると、不思議なことに長くも短くもなく、ちょうど4年間経った感覚なのです。これは英語に費やす日々の時間を無駄にしないように、そしてしっかりと毎日成長できるように、1日1日を刻みながら過ごしてきたからだと思います。

　英語学習を通して、僕は多くの人に出会い、そして多くのことを学びました。英語のことだけではなく、生きかたに関わる、もっと大きなものも学びました。

「英語ができるようになれば、人生が変わるかもしれない」

　こう思ったあの日の感覚は間違っていなかった、と今は強く実感できます。あの日の自分が思っていたよりも大きく人生は変わりました。

Being able to speak English adds value to who you are.

　この言葉を信じて4年間走り続けてきました。語学に才能も年齢も関係ない、ということを証明したくて、ここまでやってきました。

誰とも競わず、競うのはただ一人過去の自分のみ。

追いかけるのはただ一人未来で待つ理想の自分のみ。

　僕は英語のある人生を選択しました。英語を始めたときに描いた理想の自分にはまだほど遠いですが、あの日に僕がいたところよりは遥かに遠いところにやって来られました。見たこともない景色を、僕は今見ています。

　<u>英語のやる気の根本を支えるのは「できる喜び」に他なりません。</u>できなくて悔しい気持ちも大事ですが、「できて嬉しい」という気持ちほど純粋に自分を鼓舞し前進させてくれる燃料はありません。その燃料で僕はここまでやってきました。

だからこそ、これまで感じたことや体験したことをお伝えすることで、その喜びを感じられるところまで少しでも背中を押すことができないか、という思いで、本書を作りました。

英語が読める、というのは大きな武器です。

　世界への扉がひとつ開き、受信できるチャンネルがひとつ増えるのですから。
　そして何よりこんなに楽しいことはないんです。読むは楽しい、読めるは楽しい。

　これはいくら時代が変わろうと、いくらテクノロジーが発達しようと、誰にも奪われない愉悦の瞬間。

　一人でも多くの方が英語を読めた、みなさんがその喜びで笑顔になれることを望んでいます。すべてが報われる、そんな瞬間がやってくることを願っています。

まだ道半ばな自分ですが、それでもここまで僕を連れてきてくれたもの、それが英語です。

英語は翼、僕はそう思います。

　自分の意思という動力で、追い風という流れに乗って行きたい場所に連れて行ってくれる翼。自由という選択を与えてくれるその翼で、さらなる高みへ、そしてさらなる地平へ。

**　さあ、これからも一緒に背中の翼でいろんなものを乗り越えて、そして飛び越えて行きましょう。**

**　軽やかに、そしてどこまでも。**

英語のあたらしい読みかた

2015年8月8日 第1刷発行

著　者　セレン

発行者　浦　晋亮

発行所　IBCパブリッシング株式会社
　　　　〒162-0804 東京都新宿区中里町29番3号
　　　　菱秀神楽坂ビル9F
　　　　Tel. 03-3513-4511　Fax. 03-3513-4512
　　　　www.ibcpub.co.jp

© Cellen 2015
© IBC Publishing, Inc. 2015

印刷　株式会社シナノパブリッシングプレス
編集協力　渡邉　淳
装丁・本文デザイン　DESIGN WORKSHOP JIN, Inc.（遠藤陽一、金澤　彩）
組版　株式会社RUHIA

落丁本・乱丁本は、小社宛にお送りください。送料小社負担にてお取り替えいたします。本書の無断複写(コピー)は著作権法上での例外を除き禁じられています。

Printed in Japan
ISBN978-4-7946-0360-9